Anna Terék

TOTE FRAUEN

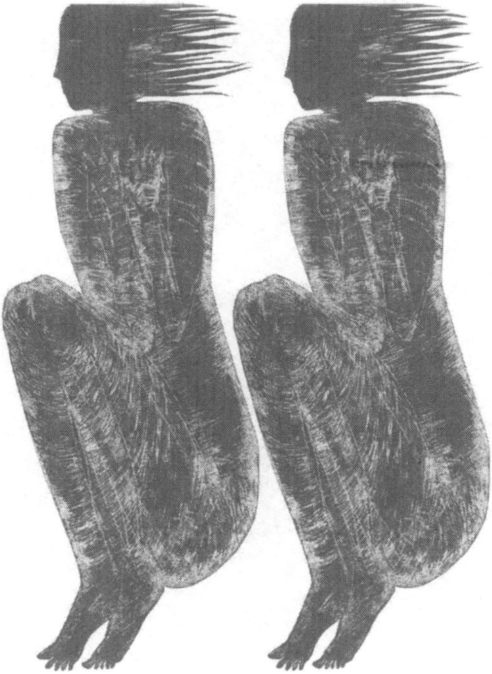

Anna Terék

TOTE FRAUEN

Gedichte

Aus dem Ungarischen von
Orsolya Kalász und Eva Zador

KLAK

JELENA

Am Anfang roch das Gas gut.
Stank süßlich, wie wenn
der Herd nicht zündet.
  Da klackert man mit dem Feuerzeug
  über dem Brenner, aber das Gas,
  das durch die kleinen Löcher strömt,
  löscht immer wieder die Flamme.
  Und der süßliche Gestank
  beißt in der Nase.
Schon seit siebenundvierzig Tagen war ich
alleine und wusste nicht, wo Goran war,
welchen Weibern er in seiner Uniform
gerade an die Schenkel grapschte.
    Frauen stehen in Wahrheit
    nicht auf Uniformen.
    Bis sie sich dann die Fantasien
    der Männer anhören,
    die sich bekanntlich einbilden,
    die Höschen der Frauen würden
    vom bloßen Gedanken an Uniformen
    so feucht, dass sie Löcher bekommen.
    Mir haben es die Feuerwehrleute angetan,
    so wie vielen anderen Frauen auch,
    denen als kleines Mädchen eingeflüstert wird
    und die es nicht mehr aus dem Kopf kriegen,
    dass Uniformen eine ähnlich
    große Wirkung auf Frauen haben
    wie jeder x-beliebige nackte Frauenkörper
    auf jeden x-beliebigen Mann.
Vielleicht hätte ich nicht.
Vielleicht hätte ich nicht zulassen dürfen,
dass die Dinge in diesem langsamen,
selbstgerechten Rhythmus ihren Gang gehen.

Ich weiß noch, wie unser zweites Kind
geboren wurde: Goran gab dem damals
vierjährigen Joška Schnaps zu trinken.
Wir waren mit den Gästen in der Küche.
Das Kind stand auf dem Küchentisch
und wusste nicht, wohin es schauen,
wo es sich vor uns verstecken sollte.
Wir alle lachten und Goran fragte Joška
immer wieder, ob er denn nicht tanzen wolle,
wenn er ihm sein Lied singt.
Und das Kind stand einfach nur da
auf der Tischplatte, starrte
in das Gesicht seines Vaters,
um doch noch zu begreifen,
was der eigentlich von ihm wollte.
Goran aber
sagte immer wieder,
Joška solle endlich tanzen.
Dann gäbe es Zigaretten,
dann gäbe es Schnaps,
auf dem Tisch solle er tanzen:
sein Bruder sei doch geboren.
Das Kind sah mich an,
aber vergeblich, denn ich schaute
nur Goran zu, wie er ihm taumelnd
die Schnapsflasche an den Mund drückte,
damit es trank und endlich tanzte.
Das Kind aber hustete vom Birnenschnaps,
der ihm in der Kehle brannte,
so wie bei den unartigen Kindern,
die den Deckel vom Chlorreiniger
abschrauben und mit großen Schlucken
von der ätzenden Flüssigkeit trinken.

Mir war eigentlich schon immer klar, ja, tief
in meinem Innern wusste ich immer schon,
wenn ich so etwas in den Nachrichten hörte,
dass diese Kinder nicht dumm waren.
Sie wissen ganz genau, dass sie
mit jedem einzelnen Schluck
dem Tod und unseren Augen
ein Stück näher kommen.

Ich weiß noch, wie wir Jovanka begruben.
Alle Erwachsenen starrten
mit glasigen Fischaugen
auf den kleinen, weißen Körper im Sarg.
Ganz steif lag er da,
mit geschlossenen Augen,
man konnte den Widerstand
dieses Körpers fast
auf der Handfläche spüren.
Seine Starre,
die es nicht mehr zuließ,
dass man diese kleinen Hände und Beine
noch einmal drehte oder beugte.
Die Menschen
schauten auf die kleine Tote,
als warteten sie darauf,
dass sie endlich etwas sagte,
erzählte, wie es im Jenseits ist,
was sie dort sieht,
wie es dort riecht,
wohin sie geraten ist,
während keiner auf sie geachtet hat.

Als könne der Mensch von all
seinen Schuldgefühlen
durch diese Aufmerksamkeit,

durch das Betrachten der Toten
erlöst werden,
als könne er vergessen
– wie das tote Kind selbst –,
dass es nie genügend
beachtet wurde,
vergeblich
hatte es geschrien,
hatte es getobt,
sich auf dem Boden gewälzt.
Ich weiß noch, bevor sie den Sarg verschlossen,
forderte ihre Mutter alle Umstehenden auf,
die Tote zu küssen.
Als sei es so einfach, ein totes Kind zu küssen.
Bei den Alten ist es doch anders,
der Kopf wird
mit einem Schleier bedeckt und
man hat das Gefühl,
es ist richtig, dass sie tot sind,
es könnte gar nicht anders sein.
Und die geschlossenen Augen,
ihre reglosen Gesichter
sind nicht so unheimlich wie
das vollkommen starre,
blass und hart gewordene Gesicht
eines toten Kindes.
Jovankas Mutter schob mich zu ihr hin,
ich solle sie küssen,
mich von ihr verabschieden.
Ich weiß noch, wie ich meine Augen schloss,
um nicht sehen zu müssen,
was mein Mund machte,
und so küsste ich
die kleine, tote Jovanka.

Als küsste ich ein gewölbtes
Stück Blech.
Mir drehte sich fast der Magen um,
ich schluckte all meine Angst
hinunter und ertrug es,
dass mein Mund immer kälter wurde.
Die kleine Tote aber
regte sich nicht.
Wer tot ist, den weckt kein Kuss,
dachte ich,
aber ihre Mutter schaute mich
so dankbar an.
Später, als sie den Sarg
schließen wollten, sah ich,
dass die Mutter ihr zuwinkte
und in den noch offenen Spalt rief:
Mach´s gut!
Mach´s gut!
Erst da begriff ich, es gab keinen Grund,
mir dankbar zu sein, ein Kuss kann
keine Toten wecken.
Jede Mutter verliert den Verstand,
wenn sie ihr Kind bei der Totenwache
im offenen Sarg
liegen sieht.
Doch vergeblich schließen sie
den Deckel des Sarges,
das Gesicht des toten Kindes
und diese schrecklichen
Stickereien an den Rändern
des Schleiers
kann man sowieso nicht vergessen.
Mit diesem letzten Bild vor Augen
schlafen sie ein,

wachen sie auf,
die Mütter,
wieder und wieder.
Denn vergeblich sterben die Kinder,
es ändert sich nichts.
Und im Herzen bleibt ein Riss
und in diesem Riss sammelt sich die Angst,
egal, wie viele Kinder wir auf die Welt bringen,
sie alle werden sterben.
Das sind die Mütter,
die dann das Haus anzünden
oder den Gashahn aufdrehen.
Am Ende schluckte Joška den Schnaps,
doch tanzen konnte er auch so nicht.
Er schaute mich an, aber ich tat,
als würde ich ihn nicht sehen.
Später rutschten die Geraden
seines Blicks ineinander,
scharf sah er nur noch so nah,
dass es sich nicht mehr lohnte.
Als er auf der runden Tischplatte
losmarschierte, stolperte er
über die eigenen kleinen Füße,
Goran klatschte in die Hände,
er glaubte, das Kind tanze endlich,
die Gäste schämten sich,
schauten gar nicht mehr hin,
sangen ihre Lieder.
Ich sah nur auf mein Neugeborenes,
es war mit der Brust im Mund eingeschlafen,
bei all dem Lärm und trotz
des taumelnden Tanzes,
als wäre es noch nicht
auf dieser Welt angekommen.

Es schlief nur, das Gesicht
ohne jede Regung,
ich aber hoffte insgeheim, dass ich
nie wieder einen Jungen bekäme und
dieses Kind keinen Schnaps trinken müsste.

Davor war ich schon sechsundvierzig Tage alleine,
konnte nicht mehr unterscheiden, wann
die Tage endeten und
wann die Nächte begannen.
Ich hatte kein Wasser mehr,
öffnete eine Flasche Wein nach der anderen,
wenn ich durstig war,
so wurde in den letzten zwölf Tagen
mein Durst immer größer.
Ich glaubte, aus den Rohren
käme kein Gas mehr, so wie
durch die Leitungen kein Strom mehr floss,
und auch das Telefon war tot.
Vielleicht hätte ich es nicht zulassen dürfen,
nichts hätte ich zulassen dürfen.
Schon gar nicht das zweite und das dritte Kind.

Mein Vater
konnte im Zug jeden noch so
schweren Koffer hochheben,
unterwegs zum Meer
hinter dem Lenkrad sitzend,
den Blick auf die Straße gerichtet,
zählte er die Namen aller im Licht
zersplitterten Berge, aller Flüsse
hinter der Scheibe auf, die Neretva
erkannte er daran, wie sie sich schlängelte,
und das Fenster hinunterkurbelnd
begrüßte er sie mit Gebrüll,
wenn wir an ihr entlangfuhren,
mein Vater
breitete jeden Sonntagnachmittag
die Zeitung auf seinen übereinander
geschlagenen Beinen aus,
strich die Seiten glatt,
streichelte die Buchstaben,
die Wörter, und löste am Fenster
sitzend das Kreuzworträtsel,
mein Vater
küsste meiner Mutter den Nacken,
wenn sie ihm nach dem Essen Palatschinken backte,
manchmal sogar vor unseren Augen.
Mein Vater
fiel im September '71
an der Universität
in Mikroökonomie durch,
wer weiß das wievielte Mal.
Tagelang wartete er auf die Züge
nach Hause und verpasste sie,
tagelang saß er in Zagreb, trank
Bier und Schnaps,

konnte nicht in den Zug steigen,
konnte nicht aus der Kneipe heraus,
traute sich nicht nach Hause,
er hatte Angst, Großvater würde ihn
mit dem Stock verprügeln.
Mein starker Vater hatte Angst,
konnte nicht in den Zug steigen,
konnte seinen Koffer nicht hochheben.
Meinen Vater,
der mit Freude darauf wartete,
dass die ersten Schwalben
aus Afrika ankamen,
der es liebte, im Sommer barfuß zu laufen,
mich wie den Koffer im Zug
über seinen Kopf zu heben,
mich an den Händen zu packen und
am Strand herumzuwirbeln, während ich
glücklich kreischte, er solle nicht aufhören,
meinen Vater, der mit seinen beiden Händen,
seinen beiden zittrigen Händen unser Haus
gebaut hatte, bevor ich
geboren worden war,
und der später vor der Tür weinte,
weil er eine Tochter bekommen hatte,
sich in seiner Scham betrank,
dass er meiner Mutter nicht
sofort, beim ersten Mal
einen echten Mann hatte machen können,
meinen Vater, der
nicht ein einziges Mal sagte,
dass ich schön sei,
dass ich lieb sei,
wenn er mich mit seinen

grauen Augen ansah,
der immer nur schwieg,
als könnte man aus dieser Stille
irgendwie schlau werden,
meinen Vater,
meinen starken Vater
erschossen eines Tages
zwei lachende Soldaten.
Meinen Vater,
der jeden schweren Koffer
hochheben konnte,
der mich über seinen Kopf
heben und am Strand
herumwirbeln konnte.
Ich hatte mehrmals versucht,
mir vorzustellen, wie diese
beiden Kugeln den Schädel
meines zitternden Vaters
durchquerten.
Sie hatten ihn einfach so
in den Kopf geschossen, auf Knien,
weil
mein Papa
einem bosnischen Mädchen
mit dem Gewehrkolben
achtundzwanzig Zähne
ausgeschlagen hatte.
Und das Blut rann, es strömte
aus dem zarten Mädchenmund.
Ich wollte nie darüber
nachdenken, was er
mit diesem Mädchen
vorher und nachher

gemacht hatte,
mein Vater.
Doch dann, im Keller,
dachte ich jeden Tag
darüber nach.

Das Gas, dieses süßlich stinkende Gas,
roch anfangs so gut.
Mir fiel ein, wie ich einmal gekocht hatte
und Goran mich anschrie und ich mich
so an den Topf klammerte, als hielten
mich nur diese heißen Henkel,
dieses Brennen im Gleichgewicht.
Damals lag ich schon seit drei Tagen
an derselben Stelle, alleine,
mit meinen sich loslösenden Gedanken.
Meine Seele war fadendünn,
meine Lunge blieb eng.
Es war, als hätte sich das Fleisch
von meinen Knochen gelöst, jedes Mal,
wenn er mich angeschrien hatte,
wenn er mich als Schlampe beschimpfte,
spürte ich, wie sich die Muskeln
von meinen Schenkelknochen lösten,
ein haarfeiner Spalt weitete
und weitete sich, als würde
der liebe Gott seine Hand
zwischen die Fasern schieben
und seine Finger nach jedem Wort spreizen.
Als würde er sich etwas
von dieser langsamen Lähmung
erhoffen: Ich versuchte,
immer weniger darauf zu achten,
ob ich hinfiel, ob meine entblößten Knochen
in winzige Teile zersplitterten.
Ich biss mir immer wieder
auf die Lippen,
mit meinen breiten Schneidezähnen
tiefe Furchen hinterlassend, so strafte

ich jenen Gedanken in mir,
den dunkelroten Strich,
der wie bei einer Blutvergiftung
zum Herzen verläuft und mich
zurückführte, zu Goran.

Sie setzen mir den Schleier auf,
ich stampfe mit den Füßen,
immer im Takt,
der eine Fuß,
der andere Fuß,
auf meinen Kopf
streuen sie mit beiden Händen
den Segen, gießen mir
Schnaps in den Mund,
alle trinken,
alle weinen.
    Löse, o Herr, das Mieder!
    Es drückt mir im Rücken,
    mit beiden Händen zerpflücke ich
    meinen Strauß,
    meine Finger sind blutig, schmerzen,
    wann bringen sie mich von hier fort,
    wann beginnt es endlich?!
Die Zeit steht still,
auf dem Gesicht meines Vaters
regt sich keine Träne,
die Frauen kreischen,
ihre Münder sind widerlich,
sie bringen dich fort,
bringen dich heute von hier fort,
kreischen die Frauen.
    Die Tränen sind
    meinem Vater
    aufs Gesicht genagelt.
    Würde doch
    wenigstens ein Laut
    aus seiner Kehle
    hervorbrechen.

Auf dem Gesicht meiner Mutter Scham,
Einsamkeit: Kind, was wird aus mir,
so allein, heute verheiratet dein Vater dich.
    Von allen Seiten fliegen
    die Gänsefedern, die Hühnerfedern,
    keinen einzigen Knopf
    kann ich an meinem Kleid
    ertasten,
        Luft! Luft!,
wie könnten meine Schritte
mit Nägeln in der Brust
auch leichter sein.
Wie könnte ich lachen,
wenn sie um mich herumtanzen?
    Würde doch endlich ein Wort
    aus der Kehle meines Vaters hervorbrechen!
    Mein Gesicht zittert,
    bei jedem Schluck Schnaps
    rutschen die Wörter zurück.
Sie bringen dich fort! Sie bringen dich fort!
Kreischen die Frauen.
Als würden sie mich zu Grabe
tragen: Jungfrau, lebe wohl!
Brächten sie mich doch schon fort!
    Ich sehe nicht,
    sehe meine Füße nicht,
    erinnere mich nicht, welche
    Schuhe meine Mutter mir
    am Morgen angezogen hat,
    während ich im Spiegel
    meine Nase betrachtete,
    lächelte,
    alle für den heutigen Tag
    vorbereiteten Arten

des Lächelns ausprobierte.
Keines passte zu mir.
Mein Kleid, o Herr, mein Kleid
ist so eng,
brächten sie mich doch schon fort!
Am Altar fällt der Priester
sich selbst ins Wort:
so wie der gütige Gott …
bestimmt hat …
lasset uns beten …
lege deine Hand hierher …
Sie setzen mir die Krone auf.
Sie ist zu eng, drückt,
mein Kopf schmerzt.
Wir feiern Hochzeit!
Der Priester sieht mich nicht an,
ich spreche ihm die Worte nach,
spüre Gorans Hand nicht, so fest
drückt er meine Finger zusammen.
Ich höre die Musik nicht,
Goran presst beide Hände
auf mein Kleid, ich spüre nichts,
nur ein Pochen.
Das Kleid ist zu eng. Der Schleier,
durch den Schleier sehe ich
Gorans Gesicht nicht,
was ist, wenn sie mich gar nicht mit ihm
verheiratet haben? Es könnte irgendwer
hier neben mir stehen.
Ich sehe sein Gesicht nicht.
In die Trompete haben sie ein Handtuch gestopft,
mein Vater macht die beiden Zigeuner betrunken,
sie musizieren in der Ecke weiter,
der Trompeter trifft den Ton nicht.

Ich bekomme keinen Bissen hinunter,
meine Speiseröhre ist so eng,
als steckte auch sie in einem Mieder.
Als würden noch immer
von allen Seiten die Gänsefedern,
die Hühnerfedern fliegen.
Ich sehe meine Füße nicht.
Soll doch der Teufel
diese Nacht holen!
Was wird, wenn die Kapelle verstummt?

Der Schleier ist
genau so,
als würde ich mich
ganz nah zu
einem Fliegengitter beugen.

Sobald ich das Krankenhaus betrete,
spüre ich diesen Geruch.
Irgendwie setzt er sich in der Nase fest,
und auch wenn ich zu Hause
an der Parfümflasche rieche,
es ist immer derselbe Geruch. Seit Joška
im Krankenhaus liegt, riecht er anders.
Ich kann mich nicht daran gewöhnen.
Wenn ich seine Hände, seine Brust streichle,
nimmt meine Hand den Geruch an, und
vergeblich wasche ich mir zu Hause die Hände,
zehn- bis fünfzehnmal hintereinander,
wenn ich meine Hand vor den Mund halte,
kann ich ihn riechen.
  Als wäre er schon jemand anderes,
  als wäre er durch die Behandlung
  zu einem anderen geworden.
    Seine Haut ist seltsam.
    Und auch sein Atem macht Angst.
    Er hustet, dort in seinem Bett,
    im Halbschlaf,
    als wäre der Tod
    schon in seiner Kehle, in seiner Lunge.
    Er hustet mich an und ich fürchte mich sehr.
    Fürchte mich vor ihm und vor der Luft,
    die aus seiner Lunge kommt.
      Ich weiß nicht, was mir
      die Kraft geben könnte,
      diesen Atem zu ertragen.
  Ich verstehe nicht,
  wozu sie diese weißen Schläuche
  in ihn hineingesteckt haben
  und wo sie enden, diese Schläuche,
  wie tief sie hineingeschoben wurden.

Ich weiß nicht, was unter seiner Haut ist,
wo in seinem Körper der Schmerz beginnt
und bis wohin er reicht.
Manchmal nehmen sie auch dann den Verband
von seinem Brustkorb, wenn ich dabei bin.
Sie schicken mich nicht mehr hinaus.
Und wenn die Schwestern wieder gehen,
starre ich nur auf dieses abgedeckte Loch
in seiner Brust, und es wäre gut,
einen Finger hineinzustecken.
Vielleicht könnte ich die Kugel ertasten.
Vielleicht könnte es mich irgendwie beruhigen,
mit dem Fingernagel auf sie zu klopfen.
Zustopfen müsste man dieses Loch.
Ich hasse mich dafür, dass ich
solche Angst vor seinen Wunden habe.
Selbst wenn er die Augen öffnet,
schaut er mich nicht an.
Er sieht an mir vorbei, als stünde
noch jemand neben mir.
Sie hatten gesagt, seine Lunge sei schon vernarbt,
dass der Mensch innen schneller vernarbe
als außen, wenn ihn eine Kugel trifft.
Aus seinen Wunden rinnen irgendwelche Säfte,
aus den Muskeln, aus dem Fleisch.
Ich kann sie nicht abwischen
und die Schwester will es nicht.
In solchen Momenten wäre es gut, niemanden
auf der Welt zu haben, dann könnte ich
meinen Kopf so lange gegen die Wand schlagen,
bis mein Schädel entzweibricht.
Sie hatten gesagt, ich solle Verbandszeug mitbringen,
wenn ich will, dass sie ihn verbinden. Ich soll
Faden mitbringen, wenn ich will, dass sie ihm

die Wunde zunähen. Denn sie haben keins,
das Krankenhaus hat kein Verbandszeug,
keinen Faden, keine Gummihandschuhe.
Draußen auf dem Flur sang der Chirurg,
raufte sich die Haare und sang ein serbisches Lied.
Eine der Frauen sagte,
man hätte seinen Sohn
von der Front zurückgebracht,
alles war abgerissen,
was an einem Menschen
nur abreißen kann.
Ich weiß nicht,
wie er es schafft zu arbeiten.
Wozu überhaupt arbeiten,
wenn man so etwas gesehen hat?
Ich habe mir die Füße wundgelaufen,
um Handschuhe und Faden zu bekommen.
Ich sagte der Frau, die immer
nach Ungarn hinüberfuhr, sie solle mir
die Sachen aus der Apotheke mitbringen.
Ich warte auf sie, warte immer noch auf sie,
hoffentlich kommt sie bald.
Bestimmt ist die Schlange
an der Grenze sehr lang.

In meinem Traum
singt mein Sohn manchmal,
und er sagt, das Grab
sei ihm zu eng.
Es drücke ihm auf die Lunge.
Vergebens wiegt er sich beim Weinen,
er kann unter der Erde nicht aufschluchzen,
die Erde drückt ihm den Brustkorb zusammen.

In den Läden gab es kein Fleisch mehr,
die Transporte hatte man zerschossen, die Alten
erhängten sich reihenweise auf den Dachböden.
Unter jedem roten Dach verbarg sich ein hängender,
toter Großvater, eine Großmutter.
Ihre Körper vertrockneten an den Stricken.
 Mein Herz pochte laut,
 als ich vom Fenster aus zusah,
 wie meine Großmutter
 in unserem Abfall wühlte.
 Mit langsamen, sehr langsamen Bewegungen.
  Und Goran erlaubte nicht, dass ich zu ihr hinausging.
  Er sagte, auch wir hätten kaum zu essen,
  ich solle an das Kind denken, das uns geblieben ist,
  wir bräuchten das Fleisch, könnten der Alten
  keins geben.
 Ich beobachtete sie vom Fenster aus, hinter der Gardine:
 Sie wühlte im Abfall nach Essensresten
 und sah kein einziges Mal herauf.
 Ich hatte Angst, dass sie wusste,
 dass ich sie sah, ihr zusah, wie sie
 im Abfall nach Essen suchte.
 Mein Mund öffnete sich wie von selbst,
 doch ich blieb stumm. Während ich ihr zusah,
 erwiderte sie kein ein einziges Mal meinen Blick.

Das Gas, dieses süßlich stinkende Gas
kroch mir in die Adern.
Es kreiste in meinem Körper
und gelangte an Stellen, die nie
ein Arzt berührt hatte.
Es strömte und entwich,
an meinem Kopf vorbei,
durch die geöffnete Tür des Ofens,
vergebens sperrte ich, riss ich
den Mund auf.
    Ich hustete, meine Zunge
    wurde vom Gas ganz trocken.
Zuerst schliefen meine Arme ein.
Meine Arme, diese Kinder tragenden Arme,
die nie stark genug gewesen waren.
Beide wurden sie taub.
    Als hätte sich ein Leben lang
    alles mit mir gedreht, immer im Kreis,
    so kreiste das Erdgas in mir.
Sie packten mich an beiden Beinen,
zogen mich aus dem Ofen,
nach drei Tagen.
Als sie mich an den Knöcheln herauszogen,
knallte mein Kinn auf den Ofenrost,
die Tür schlug mir den Kopf
ins Genick.

Sich lösen.
Sich den frühen Morgen
ans Gesicht drücken.
Es wäre schön, wieder
zu bibbern, in der kalten
Morgenluft zu frieren.
Als gäbe es wieder ein Wohin,
ein Weiter.
Sich tief vor meinem
bezwungenen Körper verbeugen.
Siehst du, Herr,
es war stärker
als du.

Mein Leben
wurde in eine verzierte Kiste gesperrt.
Schmale Hüften,
volle, runde Brüste,
lockiges Haar.
Ich weiß nicht, welche Farbe
meine Augen hatten.

Ich sehe mich nicht von außen.
Ich müsste nur
meinem Sohn
noch ein Mal, ein letztes Mal
die Nase putzen.
Warum habe ich mich nicht
umgedreht?
Vielleicht hätte ich diese Kugel
abfangen können,
oder wenigstens
sehen können,
wie sie ihn trifft,
ich hörte nur den dumpfen Knall

und wie er umkippte, zu Boden schlug,
dieser kleine Körper. Doch auch so
verblassten meine Augen für immer.
Wie lange muss ich
noch bleiben?

SIBIRIEN

Kinderwagen

Im November 1976
bringt Vater aus Moskau einen
zusammenklappbaren Kinderwagen
aus Leinen mit, Mutter ist im zweiten
Monat schwanger und brüllt
meinen Vater im Treppenhaus an,
dass man in einem Kinderwagen zum Sitzen
kein Neugeborenes durch den Schnee
schieben könne.

Unter Tränen zerschlägt meine Mutter
all ihre schönen Pläne
für die Zukunft.
Mein Vater steht mit dem aufgeklappten,
eben noch freudig
präsentierten Kinderwagen
im Treppenhaus und weiß nicht,
was er tun soll.
Er versucht noch einmal,
in die Wohnung zurückzugehen,
doch meine Mutter sperrt
heulend die Tür ab.

Der Schwester meiner Mutter hatte
ihr Mann seinerzeit einen schönen,
stabilen, verstellbaren Kinderwagen
in der Stadt gekauft.
Und man wusste gar nicht,
ob sie eher auf das Kind
oder den Wagen
stolz waren.

Mein Vater steht da,
mit dem aufgeklappten
Kinderwagen in der Hand,
und schaltet noch zweimal
das Licht im Treppenhaus
wieder an,
er wartet,
dann geht er mitsamt dem Kinderwagen
in den Park der Wohnsiedlung.

Er schiebt ihn vor sich her,
den mit seiner Ohnmacht
bepackten Wagen, mit allen
zerbrochenen Träumen meiner Mutter,
die er nicht mehr imstande ist,
zusammenzusetzen,
und er traut sich nicht, den Blick
von den Griffen des Wagens zu heben.
Er streift durch die Stadt
und weiß nicht wohin,
kann bei niemandem vorbeischauen,
will nach Hause,
doch man hat ihn ausgesperrt.

Schließlich setzt er sich in eine Kneipe,
den Wagen lässt er vor der Tür,
bestellt
zwei Bier,
zwei Wodka.
Trinkt sie
und denkt dabei ständig
an den Kinderwagen draußen
und kann nicht entscheiden,

ob es nicht besser wäre, man würde ihn stehlen.
Nach dem zweiten Wodka
geht er hinaus, klappt ihn zusammen
und denkt dabei an Moskau,
an seine angenehme Erregung,
als er im Laden das leere Portemonnaie
in die Tasche steckte
und sich sein Magen etwas verkrampfte,
weil er daran dachte,
wie sie vor Freude über den Wagen
in Tränen ausbrechen würde,
meine Mutter.

Bis zum Juni 1998

glaube ich meiner Mutter alles.

Aber auch später
gelingt es mir nicht, zu vergessen.
Mein Körper – mit jedem Knacken
erinnert er sich,
erinnert er mich.

*

Ich bin entzweigebrochen wie ein Würstchen,
wenn du die Gabel hineinstichst.
Genau in der Mitte.

*

Nur im Bett ist es warm,
doch unter der Decke habe ich Angst.

Die Matratze ist so dünn,
dass der Boden
alle meine Knochen
gleichzeitig drückt.

*

In ganz winzige Teile
bin ich innen
zerbrochen,
wie Splitter

im Blutkreislauf stechen sie
mein Herz, wenn ich auf der Seite
liege.

*

Für mich ist Sibirien das Schönste.

Ich kann mir die im Schlaf erfrorenen,
kohlefressenden Menschen
nicht vorstellen,
die blutenden Handflächen
der Gefangenen.

Sibirien ist für mich
nur weich und unendlich,
wo man sich nicht fürchten kann,
egal, wie sehr man es versucht.
Die Daunendecken meiner Großmutter
und die Freude, wie ich mich
beim Einschlafen
an ihren warmen, dicken Körper
schmiegen darf.

Wohltuende Nähe,
die dich schützt vor dem Dasein.

Hier erblindest du,
wenn du ins Unendliche schaust.
Du willst dich unter dem Schnee verstecken.
Im Winter verdorrt
der Frost die Seelen.
Wieder und wieder schneit es.

Auch ohne Schneefall
sind manchmal alle Schnüre verschneit.
Als schlüpfte nachts der Schnee
aus dem Inneren der Wäscheleine.
Und verlierst du deine Handschuhe,
bauen die Grade winzige Kristalle
aus dem durch die Adern deiner Hand
fließenden Blut.

*

Ich bin uneinfügbar.

Drei Röcke trage ich.
Wisch ruhig
deine nassen Hände
am obersten ab.

*

Meine Waden werden blau,
mein Körper gewöhnt sich
an nichts. Legt sich
mir quer,
kämpfen soll ich.

*

Auch im Sommer ist mir kalt.
Im Haus friere ich mich manchmal
selbst im Juni in den Schlaf.
Mein Blutkreislauf stockt

in einer meiner Waden
und es schmerzt.

Ich dehne die Muskeln,
die Selbstlaute am Wortanfang
und zwinge mir den Eimer
wieder in die Hand.
Als wäre ich nie
von hier fortgegangen.

*

Aus dem Himmel sinkt die Kälte herab,
verteilt sich langsam über den Steinen.
Die Kohle zieht mir
den Eimer aus der Hand.

Der Nachbar treibt die Ziegen heim,
schlammig sind seine Füße, er schlägt
den Tieren kräftig auf die Rücken.
Ich will mich an ihn klammern, er soll mich
wegziehen von hier, von der Tür.

*

Wegen der dicken Eisblumen
sieht man nicht durch die Scheibe.
In der Kuhle der Fensterbank
liegt der Schnee, stützt sich auf,
als schaute von draußen die Kälte
mit großen, geäderten Augen zu,
wie ich in der überheizten Wohnung
herumlaufe, nackt.

Flaschen

Dann fing mein Vater
irgendwann an,
maßlos
zu trinken. Die Flaschen
glitzerten überall im Haus,
reihten sich im Fenster auf,
am Rand des Küchentisches,
dicht nebeneinandergestellt.
Mein Vater legte
seine Wodkaflaschen unters Bett,
streichelte sie.
Es kam vor, dass er in einem Glas
reinen Alkohol mit Wasser
verrührte.
Ich konnte nicht hinsehen,
wenn er das trank,
hatte Angst zu sehen,
mit anschauen zu müssen,
wie mein Vater erblinden würde,
während ich daneben saß.

Wir zogen nach und nach um,
es sollte kein Geheimnis sein,
meine Mutter packte jeden Tag
vier Tüten voll
mit Kleidern und Vasen,
mein Bruder und ich gingen
wortlos zu der neuen,
noch leeren Wohnung,

die vollgepackten Tüten
schlugen mir gegen die Knie,
ich konnte mir nicht vorstellen,
dass wir ohne meinen Vater
leben würden.
Es war so still.
Wir machten uns auf den Weg,
mein Bruder ging voran,
ich langsam hinterher,
blickte zurück, jedes Mal,
wenn mir die Tränen kamen,
blickte ich zurück und sah,
wie mein Vater mir hinterherschaute
mit der Flasche in der Hand,
jedes Mal, wenn ich mich umdrehte,
lächelte er, als wollte er
mich beruhigen:
Alles wird gut.

Ich verhielt mich
überall still.
Meine Mutter hatte mir beigebracht
zu schweigen,
möglichst den Mund zu halten,
weil ich nur zur Hälfte Russisch war,
keine blonden Haare hatte, eine Schande,
ich sollte mich nicht breitmachen
und mich über alles freuen,
was ich bekam.
Nicht zu viele Träume haben.
Um nichts bitten.
Verstummen.
Warten, bis ich dran war.

Öfter blinzeln,
das beruhigt die Augen.

Ich lief immer schweigend
an meinem Vater vorbei,
der jede Spelunke in der Nähe
unserer neuen Wohnung aufsuchte.
Er sagte nichts.
Lächelte mich an,
als blickte ich noch immer
zu ihm zurück, mit den
vollgepackten Tüten in der Hand.

Am Ende trank er allein,
niemand lachte über seine Witze,
sein Gesicht wurde immer schmaler
vor Kummer.

Vor dem Laden,
mit der Flasche in der Hand,
brüllte er seinen alten Freunden,
die vorbeigingen,
einen Gruß zu, doch
keiner antwortete.
Er verstand es nicht,
manchmal sagte er laut:
Bestimmt haben sie mich nicht erkannt.

*

Es heißt, der Vater sei
für das Kind die Brücke
in die Außenwelt,

ein Weg aus jener tiefen,
schwarzen Magengrube,
zu der die Mütter
die Familie machen.

Hätte ich schwanger werden können,
hätte ich einen Sohn bekommen
und ihn verschluckt,
mit viel Wasser hinuntergespült,
um auch diese letzte, schwankende Brücke
zu versenken.

Paris, Olja

Im April 1998 fahre ich nach Paris.

Die Schwester meiner Mutter emigrierte erst,
als es überhaupt keinen Sinn mehr machte
zu fliehen, das Land, die Bevölkerung waren
am Ende, aber Olja packte ihre zwei
Nylonstrümpfe und ihren Rock ein,
kaufte eine neue Seife, wickelte alles
in Papier und floh an einem Mittwochmorgen
über die russische Grenze.
Sie konnte sich selbst nie richtig erklären,
warum sie in Paris gelandet war.
Sie hatte dort weder eine Jugendliebe
noch Verwandte,
bei denen sie unterkommen konnte.

Die Verwandten meines Vaters
waren so reich, dass ich sie
nur siezen durfte.
Sie berührten mich nicht gern,
dabei suchte ich immer
ihre Nähe.

Nach ihrem dritten Liebhaber,
Ende der neunziger Jahre,
lud uns Olja
zu sich ein,
schickte aber nur
für ein Flugticket Geld.

Davon ließ mir
meine Mutter ein paar
neue Kleider nähen
und ich durfte nur den Zug
nach Frankreich nehmen,
nicht das Flugzeug.

In Paris schlafe ich in der Küche,
auf einem Campingbett
mit roter Samtdecke.
Im einzigen Zimmer hat
meine Tante jede Nacht Sex.

Die russischen Emigranten
sind einfach nicht schön.
Eine tiefe Falte zieht sich
über ihre Stirn bis zu den Augen
und sie schauen an einem vorbei,
wenn sie reden. Sie sprechen
immer leise und sagen nie etwas.

Olja ist in diesem glitzernden,
hellklingenden Paris so traurig,
dass ich sie am liebsten töten würde,
damit sie nicht länger leiden muss.
Abends auf dem Campingbett
stelle ich mir vor, wie ich ihr
das Kissen aufs Gesicht drücke.
Das ist einer Russin natürlich nicht würdig,
aber ich habe keinen Revolver.
Ich drücke ihr das Kissen aufs Gesicht

und Olja legt die Hände artig zwischen
ihre Brüste und weint,
sie ist erleichtert,
dabei singt sie leise,
auf Russisch, dankbar, für mich,
weil ich sie endlich von sich selbst befreit habe
und ihre Qualen auf mich nehme.

Oljas Lied

Ich bin nicht gern sichtbar.

Draußen dichter Benzinnebel,
man kann nichts sehen.
Ich teile mir die Küche
mit einer Bulgarin.
Wenn ich morgens ans Fenster trete,
springt sie gleich aus dem Bett,
läuft in die Küche
und lächelt mich an.
Sie stellt sich neben mich,
stützt den Ellbogen auf meine Schulter,
und wir schauen in den Dunst hinaus.
Diese Bulgarin ist glücklich.
Sie freut sich sogar über den Smog
am Morgen.

Seit ich hier bin,
hilft kein Baden,
kein Eincremen.
Meine Arme kann ich nicht abwaschen,
die Haut ist immer ganz klebrig
vom Seifenschaum.

Jeden Morgen putzen
die Bulgarin und ich
uns zusammen die Zähne.
Auch beim Zähneputzen lächelt sie,

auf ihren perlweißen Zähnen
glänzt der Zahnpastaschaum.

Als würde ich ständig
an einer Grenze warten,
schlafe ich mit der Gewissheit ein,
mitten in der Nacht
aufbrechen oder
ankommen zu können.

Abends sehe ich aus dem Bus
die flimmernden Lichter,
Menschen auf dem Weg
nach Hause oder
zur Arbeit.
Türen gehen auf und schlagen
hinter müden oder ausgeruhten
Rücken zu.

Hier haben die Menschen
einen leichten Schlaf,
in den Falten
der Augenlider
haust Schlaflosigkeit.

In Paris stöhnt
der Asphalt, wenn die Bahn
oben vorbeirauscht.
Die Busfahrer sind Schwarze
und ich bereue jeden Abend,
dass ich einen Rock
angezogen habe.
Als wollte die Stadt

mich ausspeien.
Nach der Arbeit, wenn ich
mit dem Bus nach Hause fahre,
schlafe ich in letzter Zeit ständig ein.
Und die Stadt stößt mich
jeden Abend mehr und mehr von sich.

Diese Busse legen
einen langen Weg zurück
und ich verschlafe
immer mehr Haltestellen,
wache in immer entlegeneren
Bezirken auf.

In keiner Wohnung
der Stadt
bleibe ich lange.

Ich habe Angst, dass ich
zu Hause nicht einschlafen kann
und mit meinen Froschaugen
Risse in die Decke starre.

Abends stehe ich am Fenster,
sehe der Stadt zu, wie sie auskühlt.
Meine Arme werden taub,
ich drücke meine Hand
auf die Scheibe, damit
die Gitter sichtbar werden.

Ich weiß nicht,
wo in meiner Hand

Gott endet
und ich beginne.
Jeden Morgen bin ich im Begriff zu gehen.
Nach und nach verliere ich
meine Sachen.
In meiner Tasche habe ich alles dabei,
um jederzeit
das Land verlassen zu können.
Aber immer hindert mich etwas daran.

Mein Vater war Ungar.
Oder vielleicht auch Pole.
Ich verwechsle das immer,
kann es nicht auseinanderhalten.
Ich verstand kein einziges Wort,
dabei redete er unentwegt mit mir.
Ich lauschte
der Melodie meines Vaters.
Das ist alles, was mir geblieben ist,
ein unverwechselbarer
Tonfall und
sein Klagen.

Meine Gefühle
sind nicht mehr als Augenblicke.
Mit Worten kann ich sie nicht
hinauszögern, mich nicht lösen,
um irgendwie
Zeit zu gewinnen
und mir in eigenem Rhythmus
anzuschauen,
was ich fühle.

Was hat mein Vater zu mir gesagt?

Der Mensch gelangt immer dorthin,
bleibt dort,
wo ihm sein Leben nichts nützt.

Serbien

Im Juni 1998,
auf der Heimreise aus Paris,
packt mich Ivan
im Zug
am Ellbogen und
schiebt mich
zur Toilette.
So lernen wir
uns kennen.

Auf Französisch raunt er mir
etwas in den Nacken,
an der Wärme seines Atems
spüre ich,
was er will.

Ich ziehe den Rock
ein wenig höher.

*

In seinen viel zu weiten Sachen
geht Ivan fast verloren.
Er will nichts anderes
als meinen Körper.
Vergebens lache ich.

Ständig drückt er mich an sich,
lässt mich wieder los und brüllt.
Ich könnte es nicht ertragen,
wenn er mich an einem Bahnhof
zurückließe.
Ich folge ihm wie ein Hund,
ganz bis nach Hause.

*

Der Zug
erreicht Serbien.
Von da an ist Ivan in Panik
und weicht mir nicht von der Seite.
Ich schaue mir die Geschäfte an.
Die serbischen Frauen gefallen mir
besser als die Männer.

Die Scheiben
der Schaufenster
beschlagen von meinem Atem.

Ivan drückt, egal, wer ihn grüßt,
meine Hand und
rennt mit mir los.
Während wir rennen,
stolpere ich
mit seiner Hand in meiner Hand.

*

Seine Freunde mögen es nicht,
wenn ich singe oder tanze.
Sie starren auf meine Beine,
auf die sie verhüllenden Strümpfe,
mit ihren Fingernägeln zerreißen sie
an meinen Waden den dünnen Stoff.

Ich habe keine Strümpfe
ohne
Laufmaschen.

Im März 1999

In Belgrad schlägt
Ivan auf einem runden Tisch
mit beiden Händen den Rhythmus
eines abgedroschenen
serbischen Liedes
und Goran wischt mir
unter dem Tisch
die Tränen, die mir der Schnaps
in die Augen treibt,
mit dem Rand
des Tischtuches ab.

Die Sirene heult auf,
Ivan brüllt,
ich klammere mich ans Tischtuch,
während Goran sich zwischen
meinen Beinen einen Weg bahnt.
Er keucht, die russischen Frauen
seien alle Schlampen,
aber ich sei eine Ausnahme.

Ivan brüllt so lange,
bis die Fenster
nach der Detonation
zu zittern
aufhören
und ich ihm das Tischtuch
unter dem Ellbogen
herausgerissen habe.

*

Wir finden keine Brücke,
die man überqueren könnte.
Zwei Stunden lang
zerbricht sich Ivan den Kopf
und geht neben dem Auto
auf und ab.
Dann zeigt er mit zitternder Hand
auf die Freiheitsbrücke.
In meiner Tasche zerknülle ich
Gorans Bild und muss dabei
nicht einmal die Faust
herausziehen.

Mit zwei Jahren Verspätung

kehre ich
nach Sibirien zurück.
Meine Mutter ist
vor Neugierde
schon fast eingegangen.
Egal, was ich ihr
in den zwei Jahren
am Telefon sagte,
sie verstand nichts,
hörte nichts,
die Leitung rauschte.

Ich steige
aus dem Zug,
meine Mutter
weint erst, als Ivan
von der Treppe des Zuges
auf den Bahnsteig tritt.

Erst da bricht sie in Tränen aus,
bekreuzigt mich
und ergreift Ivans Hand.
Er aber versteht es nicht,
sieht sie nur an,
mit zusammengekniffenen Augen
blickt er auf diese
blaugeäderten Hände.

*

Der Wind verharrt zwischen den Bäumen,
statt seiner kämme ich
das Gras mit den Fingern.
Die Kälte beißt in mein Gesicht.
Langsam steigt der Winter vom Berg ins Tal.
Man sieht, wie die Landschaft
von Grün zu Braun wechselt,
wie der Berghang weiß wird.

Ivan ist es im Zimmer schon zu kalt.
Er findet nie
seine Brille und fürchtet,
mit ihm sei es bald vorbei.

*

Ivan legt sich einmal die Woche
auf den Fußboden,
den Tränen nah kommt
er flehend angekrochen:
ich solle ihm kein Kind gebären.

Als könnte man
einer Strafe
so entkommen.

Er meint, jedes Kind
bekäme Krebs oder würde leiden
und früher oder später sterben.

Einmal in der Woche
mustere ich seine Stirn,
jene dichten, zarten
Falten.
Versprechen kann ich ihm
nichts.

Er legt sich mir genau
vor die Füße, damit ich
keinen Schritt tun kann.
Wenn ich nur
den Fuß hebe,
krümmt er schon
den Rücken.

Liegend wirkt er kleiner.
Mit lauter Stimme verspricht er,
sich nicht zu wehren.
Ich solle ruhig über ihn
hinweg treten,
gehen und mir
einen Mann suchen,
der mir ein Kind macht,
ich solle gehen, so lange
würde er hier liegen
und sich endlich
ausruhen.

*

Ich putze die Fenster.
Ivan rüttelt zwischen
meinen Beinen an der Leiter,
ich beuge mich hinaus,

mit der Leiter zusammen
kippt der Nachmittag.

Ich sollte mich festhalten.

*

Nur vor der Nacht habe ich Angst.
Neuerdings schlafe ich
tagsüber viel besser.
Vor und nach dem Kochen.
Bis dahin habe ich mindestens
fünfzehn Zigaretten geraucht.
Manchmal auch beim Sex.
Aber am Abend trinke ich so viel Wasser,
dass ich die Nacht
nicht durchschlafen kann.

Wenn ich am Morgen aufstehe,
mache ich Wasser heiß für den Kaffee,
dann schäme ich mich,
dass die Tür knarrt,
wenn ich zum Rauchen
auf den Flur gehe.

Das Türenknarren zerfleddert
die Liebe des alten Serben.
Er ist wütend, weil ich
nicht leise genug bin,
nicht fähig bin, lautlos
zu leben.

*

Ivan betrinkt sich
      Tag für Tag
            nachmittags um vier
                  und schweigt dann.

Wegen ihm gefriert mir noch das Blut
in dieser Stille.

Doch wenn er in der Küche dann
den Geruch der Zigarette bemerkt,
verprügelt er mich
vielleicht
endlich.

Schnee

Ich trete nackt aus dem Haus,
berühre mit den Fingern
die vor der Tür hängenden
bunten Plastikstreifen.
Die Fenster sind schon
von Eisblumen überwuchert.

Ich stapfe durch den Schnee,
er brennt mir auf den Sohlen,
langsam kriecht die Röte
meine Waden hinauf, als steige
ein Gift zu meinem Herzen,
in scharf umrissenen Linien.

Ich will mich auf den Bauch legen,
fürchte aber meine Brüste.
Die Kälte würde schmerzen.
Auf dem Rücken liegend
drücke ich den Nacken in den Schnee
und schaufele ihn mit beiden Händen
auf meinen Bauch.

Mein Körper kühlt nur langsam aus.
Schmilzt den Schnee um mich
zu Brei,
ich meine, das leise Knacken
der Adern zu hören,
wie mein Blut zu Kristallen
gefriert.
In der Kälte verlangsamt sich,

besänftigt sich der Tod.
Unterm Schnee fürchte ich
mich weniger.

Von da an trete ich jeden
zweiten Tag vor die Küchentür
und vergrabe mich im Schnee,
nackt. Ivan folgt mir
jedes Mal, schaut durch seine Brille
auf den Schneehügel, unter dem ich liege,
und wartet immer zweiunddreißig Minuten,
gibt dem Schnee eine Chance.
Dann gräbt er mich aus.
Er flucht nicht, wortlos bricht er
den eisigen Schnee auf, fegt ihn weg,
hebt meinen geröteten
Körper hoch, reibt ihn warm,
dann wickelt er mich in ein Laken
und trägt mich ins Haus zurück.

Jeden Tag,
dort unter dem Schnee,
bereue ich etwas.
So bereite ich mich
auf das Himmelreich vor,
vielleicht kann ich es
langsam öffnen,
mit dieser kalten Reue
mir einen Weg
ins Unmögliche bahnen.

Ein bisschen habe ich
doch Angst, dass Ivan
eines Tages, wenn er
mit der Schaufel den eisigen Schnee
aufbricht, nicht achtgibt
und mein Gesicht schön langsam
zerschlägt.

Tod

Ich bin so gealtert,
dass selbst der liebe Gott
sich schämte, mich zu sehen.
Er schaut nicht einmal hin,
wenn sie einem die Hand
an den Bettrand binden.

Nichts, was vorausweist,
vergebens die Wunden.

Ich hätte gern
noch einmal
einem Regen
zugehört.
Wie das Wasser
auf das Blech
der Rinnen prasselt.

In den vergangenen zehn Jahren
konnte ich auf nichts achten,
auf gar nichts.

Ich sterbe so
wie alle anderen.

In dieser Minute,
in dieser letzten
Minute,
kratzt der Atem
dir noch die Kehle wund,
deinen Armen entreißen
sie langsam die Seele.

Deine Beine wirst du
nicht mehr bewegen,
nie mehr laufen,
nie mehr am Mittagstisch sitzen.
Die Nervenfasern wie
nicht isolierte Kabel:
das Leben löst sich
von ihnen ab,
keine Zelle
teilt sich mehr.
Kein einziger
Eiweißfaden
schreibt sich
neu.
Deine Augen sind zu nichts
mehr nütze,
an die Wurzeln der Wimpern ist
wie in den Saum des Vorhangs
ein Bleiband
genäht.

Egal, was man
dir ins Ohr redet,
alles bleibt, wie es ist.

Die Seele umklammert
die Lunge am längsten,
das Herz
lässt sie gar nicht los.
Zwei Tage noch
harrst du aus
in der Nähe deines erkalteten,
schmierigen Herzens.
Sie lässt deine Bronchien los,

tritt aus dem Rachen,
schimmert auf
ihren Tränen,
auf deinen noch offenen
Augen,
deinen toten Zähnen.
Im Licht,
in der Luft.

Und das Leben bleibt
im Bogen
der Fragezeichen,
die Freude im Grad
der Winkel,
der Kummer im Geröll
der Wörter.
In winzige, weiche Stücke
bricht die Körper
der Tod.

Keine Stille, in der
sich ein letzter Schmerz
in dir räkeln könnte.
Anfang Sommer,
hier und da Fliegensummen,
und gäbe es die Stille,
würde das Atmen
aus einem anderen Bett
sie aufbrechen.

So löst dich von den anderen
irgendein Gott.

Die serbischen Mädchen

Herr, bewahre nur noch diese
langbeinigen
serbischen Mädchen
vor der Verbitterung.
Ich klammere mich an ihr Lachen,
an den Neid auf ihre schönen Gesichter.
Hätte ich doch nur irgendwann einmal
schön sein können!
Würde mich bis zum Frühjahr
wenigstens das vor diesem, die Seele
in unförmige Stücke dreschenden
sibirischen Winter bewahren.

MAJA

Plattenbau

Ich stehe
irgendwo mitten in der Stadt,
die selbst auf wackligen Beinen steht,
auf ihren Schultern sitzt die Sonne
und drückt sie
nach unten,
bis die Stadt in die Knie geht.

Auch mich drückt etwas nach unten,
drückt mich fast zu Boden.
Ich kann mich nicht bewegen.

Die Sonne klemmt zwischen den Häuserblocks.
Neun, siebzehn, dreizehn.
Vater zählt jeden Abend nach,
wie viele Fenster das Haus gegenüber hat.

Fensterglas

Fensterglas kann in winzige Stücke zerbrechen.
Ich finde die zerschossenen Scheiben
der Autos am schönsten.
Wenn die Sonne scheint, ist es,
als ob auf dem Gehweg
überall die Glasperlen
einer sehr langen,
zerrissenen Kette liegen.

Ich mag keine
blutigen Glasperlen.

Ich nehme die kleinen,
runden Glasscherben in die Hand,
dann in den Mund.
In Gedanken drohe ich meinem Vater,
sie alle auf einmal hinunterzuschlucken.
Auch ihn und Mutter,
die Stadt und die zerschossenen Scheiben
unseres Autos.

Sarajevo

Manchmal ist der Himmel
über uns so weiß,
dass man gar nicht glaubt,
da sei ein Himmel.

In ein paar Wochen
hast du dich an das Donnern gewöhnt.
Mutter meint, genau so
wie ein Baby, das den Herzschlag der Mutter
ständig um sich im Bauch hört.

Oma

Oma schlachtet den Hahn,
ohne mit der Wimper zu zucken.
Sie schließt nicht einmal
die Augen, als die Klinge sich
von der blutigen Haut löst.
Wenn das Flattern nachlässt,
massiert sie dem Vogel
mit vier Fingern das Blut aus dem Hals.
Den kleinen Finger spreizt sie immer ab.
Oma ist eine vornehme Dame.
Nur lebt sie jetzt anders,
nicht mehr so wie früher.

Ich habe Angst vor Omas Hand.
Sie schneidet dem Hahn
den Hals mit der bloßen Hand durch
und am Abend
streichelt sie mir dann
mit derselben Hand
über das Haar.

Ich habe Angst: Ich glaube,
in Omas Hand
wohnt der Tod.

Böse

Ich breche jedem das Herz.
Mutter weint wegen mir.
Ich mache alles kaputt.
Ich breche die Henkel der Tassen ab,
lasse den Taschenspiegel fallen,
klebe die eingerahmten Fotos
an der Wand zu,
den Tennisball werfe ich in den Kronleuchter
und vergesse, dass er dort stecken geblieben ist.

Wenn der Ball am Abend anfängt zu qualmen,
weil er die Glühbirne berührt,
holt Vater den dreibeinigen Stuhl
aus der Küche und stellt sich drauf,
er flucht leise, weil der Leuchter heiß ist,
ich kann nicht aufhören zu weinen
und Mutter schreit mich an.

Ich beruhige mich erst, als Mutters Geschrei
den fluchenden Vater
vom dreibeinigen Stuhl holt:
Pavle, komm runter, Pavle,
du brichst dir noch das Genick!

Vaters Meer

Bevor er nach Sarajevo zog,
war Vater ein Fischer und sehr behaart.
Mutter sagt,
sein Bart reichte bis ins Wasser
und in seinen langen Haaren
verfingen sich die Seeigel.

Seit vier Jahren haben wir das Meer nicht gesehen.
Manchmal jammert Vater und wimmert,
Mutter meint,
weil ihm der salzige Wind fehle.

Vater versprach, nach dem Krieg
würden wir wieder verreisen,
damit er uns dem Meer vorstellen könne.
Nur ist gerade ungewiss,
wo die Grenze sein wird,
und zu welchem Land es dann gehört,
Vaters Meer.

Bruder

Mein kleiner Bruder ist ein Zauberer.
Und ziemlich dumm.
Eines Tages werde er verschwinden,
sagt er.
Nicht einmal seine Sachen werde er
zusammensuchen, sagt er,
nichts einpacken,
sondern einfach nur verschwinden.
Von einem Augenblick auf den anderen.
Ich sage ihm vergeblich, dass Mutter
dann um ihn weinen wird,
er will fort.

Hof

Manchmal sehe ich zufällig mit an,
wie Menschen
erschossen werden.
Dann habe ich so große Angst,
dass ich mich nicht traue,
die Augen zu schließen.
Würde ich einschlafen,
hätte ich sicher Alpträume.
Jeden Tag habe ich Angst,
dass ich zufällig auch
einmal mitansehen muss,
wie man Vater in den Kopf schießt.

Funken

Aus dem Fenster sehe ich Berge.
Ich warte darauf, dass die Sonne auf die Gipfel kriecht.
Im Dunkeln sehe ich oft, dass geschossen wird,
wie die Gewehre Funken sprühen.
Jeden Abend glitzern die Berge.
Mutter gibt mir eine Ohrfeige,
wenn ich nicht weggehe
vom Fenster.

Ohrfeige

Die Kugeln durchlöchern
die Vorhänge oder wehen sie
nur leicht beiseite.
Wir haben ein Zimmer, das
wir nicht betreten dürfen,
weil es auf den Berg in der Nähe sieht,
von wo aus wir beschossen werden.

In diesem Zimmer schliefen früher
meine Eltern.
Zu ihnen krochen
mein Bruder und ich nachts,
wenn wir nicht schlafen konnten.

Das letzte Mal, als ich mich
hineinschlich, hob sich die Gardine,
die Luft pfiff und der Knall
schlug Löcher in die Wand.
Ich lief hinaus, aber vor dem Zimmer
wartete Mutter und verpasste mir zwei Ohrfeigen.
Dabei hatte mich keiner getroffen.

Mein kleiner Bruder

Wenn es auf den Straßen sicher ist, spielt
mein kleiner Bruder draußen Krieg.
Ich mag es nicht,
wenn er auf dem Spielplatz
seinen Freunden mit dem Stock
nur so aus Spaß in den Kopf schießt.

Stille

Mein Vater bleibt morgens,
bevor er zur Arbeit geht,
immer vor unserer Tür stehen,
er legt seine Hand auf die Klinke und schnauft,
atmet die abgestandene Luft tief ein
und murmelt leise vor sich hin.
So bereitet er sich jeden Morgen
auf den Hindernislauf vor.

Hindernislauf

Mein Vater
braucht viertausendsechshundertundsiebenundzwanzig Schritte
von unserer Tür bis zum Wasserwerk.
Wenn ich höre, dass er
an der Eingangstür mit den Schlüsseln klimpert,
bekomme ich Angst
und fange an zu zählen.
Bei dreihundertzehn
erhöhe ich das Tempo,
denn nach der Ecke schießen sie schon,
ab da muss man rennen.
Mutter meint, wenn Vater schnell genug läuft,
wird er ganz sicher nicht getroffen.
Mutter und ich haben bis zum Nachmittag Angst,
bis er aus dem Wasserwerk heimkommt
und wir endlich sehen, dass er nicht erschossen wurde.

Die viele Angst macht mich manchmal müde
und es kann passieren, dass ich erst aufwache,
wenn Vater schweißüberströmt neben dem Sessel
auf dem Fußboden sitzt und lächelnd meine Haare streichelt.

Auch Jahre nach dem Krieg
rannte Vater immer.
Er konnte sich einfach nicht daran gewöhnen,
dass man auf der Straße
nun wieder gehen durfte.

Fliegen

Wie die Fliegen
das draußen vergessene Fleisch,
so umschwirren
die Kugeln
die auf der Straße gebliebenen Menschen
in Sarajevo.

Trick

Mein kleiner Bruder
verschwand von einem Augenblick
auf den anderen, genau so,
wie er es immer geplant hatte,
wie in einem Märchen
wurde er plötzlich unsichtbar.
Wir rannten gerade
nach Hause, hatten
eine Tüte Eier gekauft
und Mutter hatte mir eingeschärft,
wenn es mit den Granaten losgehe,
sollten wir die Eier wegwerfen und rennen,
so schnell wir könnten.

Wir rannten. Die zwölf Eier
zitterten in der Tüte, nur eins
zerbrach auf dem Nachhauseweg.
Ich sah noch,
wie er sich auf dem Marktplatz umschaute,
über den Zebrastreifen lief,
den Gehweg erreichte,
dann kam die Explosion
und mein kleiner Bruder wurde unsichtbar.

Nur eine kleine Pfütze
blieb dort
auf dem Gehweg.

Man sagt, die Granate
zerfetze den Menschen in winzige Krümel.
Ich stand nur da und schaute

auf die Pfütze.
Sie hatte keine bestimmte Form.
Ich schaute sie an und hatte ein wenig Angst,
durch meine Adern floss
das gleiche Blut.
Da war ich schon seit einer Minute
nicht mehr in der Lage zu begreifen,
was passiert war,
ich stand einfach nur da.

Man musste mich nach Hause tragen.
Ich hatte mich so erschrocken,
dass meine Knie sich
nicht beugen ließen.
Ich stand die ganze Zeit,
kerzengerade, den ganzen Tag,
so stellten sie mich aufs Bett.
Als mein Bruder verschwand,
schlief ich die ganze Nacht
im Stehen wie die Pferde.

Ich glaube wirklich,
dass es ein Zaubertrick meines Bruders
gewesen ist.
Und wenn ich eines Tages
an den Stadtrand gehe,
wird er dastehen und
mich auslachen,
was für ein toller Trick
sein Verschwinden doch war,
was für eine Sensation!
Und ich habe das Ganze
wirklich geglaubt.

Gott

Mutter sagt immer,
mein Bruder sei gestorben,
weil Gott diejenigen zu sich ruft,
die er sehr lieb hat
und nicht länger
missen will.

Anscheinend hat der liebe Gott
mich nicht besonders lieb.

Suche

Ich glaube immer noch,
dass das, was passiert ist,
nur ein Zaubertrick war.

Wenn Wasser ausgeteilt wird,
gehen Mutter und ich auf die Straße.
Als sie nach dem Wasser greift,
lasse ich ihre Hand los
und laufe in Richtung Wald.

Nur vor ihrer Stimme habe ich Angst,
weil sie nach mir schreit,
sie ist wütend und weint.
Ich aber laufe trotzdem weiter.
Für sie bin ich ja eh ein böses Kind.

Ich suche überall nach meinem Bruder.
Er muss hier irgendwo sein.
Ich will ihn nach Hause bringen.
Damit alle sich freuen.
Aber ich fürchte mich vor der Dunkelheit.

Mit dem Gewehrkolben

Zurücktun, alles an seinen Platz.
Zurücktun, genauso,
wie es war. Als wäre
gar nichts geschehen.
Nichts Schlimmes.

Von vorne beginnen.
Es wieder anpacken,
doch jetzt so,
dass ich nichts
in den Händen halte.
Nichts bei mir habe,
was ich noch zerbrechen könnte.
Nur meine Knochen sind noch übrig.

Wieder Anlauf nehmen.
Vielleicht.
Stück für Stück, aufmerksam.
Immer tiefer kriecht
der Krampf in meinem Bein,
gleich falle ich hin.

Ich habe Angst,
mir die Knochen zu brechen,
mir die Handgelenke
zu zertrümmern,
ich werde nicht wegrennen können,
oder wenn sie mich kriegen,
brechen andere
sie in Stücke.
Meine Zähne.

Mit dem Gewehrkolben können sie
meine Zähne auch einzeln ausschlagen.
In der Reihenfolge wie sie gewachsen sind.
Eine Perlenreihe.
Zacken einer Säge,
das werden sie.

Draufbeißen.
Wenn sie es sagen, muss man
fest auf den Gewehrkolben beißen.
Denn dann konzentriert
man sich auf den Kolben.
Umschließt ihn mit dem Mund,
presst die Zähne fest zusammen
und vergisst vielleicht, sich zu fürchten.

Als wäre eine Zielscheibe
zwischen meinen Beinen.

Es wäre besser von hinten,
damit ich sie dabei
nicht sehen muss,
schön der Reihe nach,
einer nach dem anderen.

Lieber sollen sie mir
in den Nacken
keuchen,
das wird schon nicht
so schrecklich sein,
wie ihre Augen
zu sehen.
Sicher irre ich mich.

Vater

Am schlimmsten war es trotzdem,
als sie mich im Gebüsch fanden
und Vater holten.

Vater schrie neben dem Busch,
schlug sich mit beiden Fäusten auf den Kopf.
Sie erlaubten ihm nicht,
meinen Körper weiter anzuschauen.
Auch ich drehte mich weg.

Ort

Ich will nicht sehen,
wie meine Mutter im Zimmer kauert
und weinend mein Kleid
in den Händen hält.

Ich bewege mich nicht.
Immer wenn ich an den Ort zurückkehre,
an dem ich gestorben bin,
werde ich sehr wütend.

*

Jetzt bin auch ich
unsichtbar.
Und das ist kein Spiel.

JUDIT

Splitter

Ich versuche die Zigarette
zwischen den Lippen so zu halten
wie meine Mutter früher.
Vielleicht schützt es mich
vor mir selbst, wenn ich sie bin.
Dann weiß ich,
was mich erwartet.
Vor mir selbst habe ich Angst.

Ich werde es wiedergutmachen,
werde alles wiedergutmachen,
von vorn erleben, von vorn erzählen,
die Fehler meiner Mutter,
unser beider Leben.
Diesmal wird alles besser, denn
ich bin nun die Klügere.

*

Ich finde keinen Ehemann.
Ich warte auf zwei Hände,
wie ein unfertiger
Zaun:
vergeblich.
Ich wünsche mir zwei Hände,
die mir eine neue Bedeutung geben,
und dann gebe ich mir selbst
einen neuen Namen.

Ich sitze im Garten.
Hinter dem Hügel, das weiß ich,
ist es noch hell,
die Sonne beleuchtet
gerade den Hang.
Im schwindenden Licht
sehe ich die Funken am Himmelsrand,
irgendwo jenseits des Hügels,
unter der Sonne
liegt Paris,
ich weiß, dass mein Vater dort ist
und ich mein Glück
dort finden könnte,
ich müsste nur hinübergehen,
auf die andere Seite.

Aber was wird dann aus meiner Mutter?

*

Hinter dem Berg
ist Leben.
Ehemänner kommen von der Arbeit,
Säuglinge weinen,
eine Frau wirft Apfelschalen
in den Müll,
jemandem werden die Augen ausgedrückt,
von unbeherrschten Händen,
werden die Knie zusammengepresst,
bis sie blau anlaufen.
Auf mich wartet auch jemand,
vielleicht könnte ich glücklich werden,
dort, hinter dem Berg.

Aber was wird dann aus meiner Mutter?

Ich sehe das müde Gesicht
meiner Mutter,
sehe, wie sie sich mit den Fäusten
die Falten um ihre Augen reibt.

Jede Falte meiner Mutter
bin ich.

Mit zitternder Hand
hält sie die Tasse.
Die Müdigkeit
zieht sie unter die Erde
und mein Herz schlägt
jedes Mal Alarm,
wenn sie sich verschluckt
oder hustet.

Ich bin
die Atemnot meiner Mutter.
Mein Vater war ihr Lachen.
Vater hat man nur einen.
Wo soll ich ihn suchen?

Ich weiß nicht,
wo in meiner Hand
die Hand meiner Mutter endet
und wo ich beginne.

Manchmal spricht
meine Mutter aus mir,

ich höre sie
in meiner Stimme.
Sie verstellt mir den Blick,
ich kann nicht sehen.

Im Traum
gebe ich ihr
die Beruhigungsmittel,
alle auf einmal.
Sie soll sie schlucken,
die ganze Packung.

Im Traum
zittern ihre Hände
und ich rede ihr gut zu.

Aus dem Augenwinkel
beobachte ich ständig,
wohin sie im Zimmer geht,
was ich wieder
an den falschen Platz gestellt,
womit ich sie wieder
verärgert haben könnte,
dass sie zwei Stunden lang
weinen muss.
Dabei würde sie
alles für mich tun,
würde für mich sterben,
wenn sie mich
dadurch retten könnte.

*

Es wäre schön, sich in der Erde zu verkriechen.
Wenn mein Vater fernsah,
war er wie ein kleiner Junge.
Wie er so dasaß,
wurde mein Herz
jedes Mal ganz schmächtig,
so sehr schämte ich mich.
Meine Mutter murrte:
Ivan, das Dach bricht ein,
Ivan, das Gras wächst baumhoch,
meine Hand schwillt an, Ivan,
steh vom Fernseher auf,
hilf mir doch!

Er aber blieb sitzen,
grölte während der Fußballspiele,
beantwortete lautstark
die Fragen der Quizshows.
Seine Antworten waren immer richtig,
er war schlauer als alle Spieler zusammen.
Mein Vater hätte zwanzigtausend Mark
gewinnen können, aber er versuchte nie,
in eine der Shows zu kommen,
saß nur vor dem Fernseher
und winselte wie ein über und über
mit Wunden bedeckter Hund.

Die Träume meines Vaters
zerbrachen wie ein Weinglas,
wenn es auf den Küchenboden fällt.
Und alles, was
das Leben war,
ein festes Gebilde
aus Zielen und Plänen,

lag auf dem Boden
zerstreut wie die Glassplitter,
unter Kühlschrank
und Spüle verschwunden.

Die Splitter glitzerten,
brachen tausendfach das Licht,
wenn die Sonne durch das Fenster schien.

Und ich lag
auf den Splittern,
wälzte mich hin und her,
damit sie meine Haut
noch tiefer aufrissen,
mir ins Fleisch schnitten,
mich stachen
und ich das traurige Glitzern
zudecken und
verbergen konnte.

*

Als mein Vater von einem Tag
auf den anderen verschwand,
waren wir fast erleichtert.
Mutter weinte nur hin und wieder,
insgeheim hielt sie Ausschau nach ihm.

Es gab Tage,
da behauptete sie,
jemand habe Vater entführt
oder er sei gestorben.
Denn warum sollte

so ein herzensguter Mann
uns verlassen und
nicht wiederkommen?

In den Erinnerungen meiner Mutter
wurde Vater von Jahr zu Jahr schöner.
Je mehr Zeit verging,
desto liebenswürdiger wurde er,
trotziger und stärker.
In ihren Geschichten
gewann er an Größe.

Auch ich ließ meinen Vater
in mir größer werden,
damit er mich umhüllen,
mich zudecken und beschützen konnte,
und wenn ich abends daran dachte,
dass er gestorben sein könnte,
betete ich zu ihm,
er solle mir einen Ehemann schicken,
einen zuverlässigen, kräftigen Mann,
so einen, wie er selbst einer
in der traurigen Unabhängigkeit
meiner Mutter geworden war.

*

Ich wünsche mir so sehr
ein Kind,
dass ich mich schäme,
wenn ich in den Spiegel schaue.
Und ich darf nicht darüber reden.
Meine Mutter würde

mich sowieso fragen,
was ich mit einem Kind
ohne Mann will.
Ich hätte ja nicht einmal eine richtige Arbeit.
Was soll das Träumen von einem dicken Bauch,
wenn ich nichts zu beißen habe?

Es dämmert.
Je schwächer das Licht
im Zimmer wird,
desto leichter fällt mir
das Atmen.

Immer wieder schüttle ich mir
an der Spüle das Wasser
von den Händen
und hoffe, dass meine Mutter
auf dem Küchenboden
ausrutscht, hinfällt,
sich das Genick bricht, hoffe
auf das Glitzern, wenn ihr das Glas
aus der Hand gleitet
und das Licht
auf den Splittern tanzt.

Im Traum
zünde ich unser Haus an.
Das Haus,
in dem meine Mutter schläft,
damit all das
ein Ende hat.

Haare

Ein kalter Sommer,
ich bin 28.

Der Tod hat sich unter
die Nervenfasern gebohrt,
hebt eine nach der anderen an
und löst sie ab.
Er schneidet Schlitze
in meinen Körper, macht sich
Stück für Stück in mir breit.

Wie ein Pfeil,
der in der Luft ermüdet
und vor dem Erreichen des Ziels
schwer zu Boden fällt,
so soll auch das ein Ende haben.

*

Jeder Stern hängt an einem einzelnen Haar.
Zieht ihr Gewicht dein Haupt nicht herunter, Herr?

*

Die Donau ist grau,
auf dem Wasser schwimmen die Schwäne
wie weggeworfene, aufgeblähte
Plastiktüten.
Am Ufer treibt der Wind

den Müll vor sich her,
in meinen Augenwinkeln
sammeln sich Staubkörner.

So viele von uns klammern sich an dich,
dass du, Herr, schon fast die Erde berührst.
Gibt es an dir überhaupt noch eine freie Stelle?
Auf die möchte ich meine Hand legen.

Ich weiß keine Worte, mit denen ich
für mich beten könnte.
Sooft ich an dich denke,
muss ich lachen.
Es ist nicht leicht, mir das Lachen
zu verkneifen, wenn meine Mutter
ständig weint.

Sie bricht oft so schnell in Tränen aus,
mehrmals hintereinander, dass die Tränen
sich auf ihrem Gesicht einholen.

Ich will den Kopf wegdrehen
oder die Augen schließen,
vortäuschen, dass ich schlafe.
Ich kann meine Mutter
nicht trösten,
während ich im Sterben liege.

Meine Mutter wird nicht für mich sterben,
wie sie es versprochen hat, denn sie glaubt nicht,
dass sie mich noch retten kann.
Die Tränen sind ihr aufs Gesicht genagelt.

Sie weint nicht. Von den Augen
bis zum Kinn reihen sich
die Tropfen.

Etwas hat die Zeit
um mich herum aufgespannt.
Nichts kann hinuntertropfen:
Der Regen steht in der Luft,
der Himmel reißt, er stürzt ein
unter seinem eigenen Gewicht.

*

Ich sehe durch meine Schenkel das Fenster,
schaue hinaus, Herr,
und hoffe, dich doch noch zu erblicken,
wie du durch den Garten schlenderst.
Ich möchte deine Schultern sehen,
um abzumessen,
ob deine oder meine breiter sind,
wer von uns beiden
sich tiefer beugen kann.

Ich weine nicht,
als wäre ich regelmäßige
Prügel gewohnt.

Man sagt, es sei unerträglich,
wenn sie den Körper
ans Holz nageln.
Ich weiß nicht, ob es vergleichbar ist
mit den Schmerzen, die am Knochen
spannen und reißen.

Kein Schmerzmittel vermag
diese schmalen,
eingekeilten Schmerzen
herauszuziehen.

Ich habe Angst, dass nicht mehr
genügend Luft hinunter gelangt
und meine Lunge zusammenfällt,
so dass die Rippen um mein Herz
zerbrechen.

*

Lass mich, lass mich gehen,
halte mich nicht länger am Leben,
wenn du mich schon auf den Weg des Todes
geschickt hast, Herr!

Schau, wie brav ich
jedes deiner Worte verschlinge.
Lockere endlich den Griff
um mein Herz!

Verlass mich nicht,
wenn du mich so sehr liebst,
lass mich nicht länger
verzweifelt nach dir tasten!

Schwarze Gedichte

Im Krankenhaus
ist alles unangenehm,
der Putz rieselt von den Wänden,
als kratzte die Zeit
mit ihren Nägeln
an der Farbe.

Ich schaue den Putzfrauen
auf der Station zu, wie sie
den Fußboden wischen,
Wenn sie zwischen den Betten
umhergehen, sieht man,
dass ihre Münder zählen,
wie viele Bewegungen,
wie viele Sekunden
noch übrig sind.
Mit gesenktem Blick,
gebeugt verlassen sie
das Zimmer.
Es ist ein wenig so,
als würden sie beten.

*

Der Boden im Flur ist klebrig,
ich kann meine Hausschuhe
kaum anheben,
reiße Löcher
in die Taschen
meines Bademantels.

Dabei bin ich angeblich
auf dem Weg der Besserung.

Manchmal gehe ich
die Treppe hinunter
zur Kinderstation und
setze mich auf den Flur,
als wartete ich auf etwas,
als wollte ich mir einreden:
Hätte ich ein Kind bekommen,
würde jetzt eine andere
hier mit dem Tod ringen.
Zuweilen tröstet es mich,
dass mein Kind
nie hier liegen wird.
Denn ich werde nie
ein Kind haben,
wegen der Bestrahlung.

Die Schwestern kennen mich schon,
schicken mich nicht fort,
grüßen sogar als Erste,
und seit einiger Zeit
weinen sich die Eltern
bei mir aus.
Als hätte ich ein tiefes Verständnis dafür,
was sie verständnislos mitansehen müssen.
Tränenlose Gesichter.

Während sie reden,
beobachte ich ihre Hände.
Sie zittern nicht.
Nur wenn sie

sehr erschöpft sind.
Denn es gibt keinen Schlaf,
aus dem diese Eltern nicht sofort
erwachen würden.

Eine Mutter
fürchtet sich neuerdings davor, dass
ihr Kind, während sie zu Hause ist,
im Krankenhaus sterben könnte.
Wir stehen auf dem Flur, ich schweige.
Ich habe den Bademantel an,
der Schal hängt mir bis zu den Knien,
in der linken Hand halte ich eine Einkaufstüte.

Alles hängt an mir,
als wäre ich ein Galgen.

Ich will los und sie
schweigt, hat Angst,
dass die Dinge nie wieder
in Ordnung kommen.
Sie sagt, sie müsse putzen.
Ich sehe ihr an, dass sie mir am liebsten
einen Tritt versetzen würde,
weil ich schon bald
nach Hause darf.

Ihr Kind aber
fürchtet sich neuerdings davor,
dass es im Schlaf sterben könnte.
Es traut sich nicht einzuschlafen,
stets muss jemand seine Hand halten,

doch schlafen manche an seinem Bett ein.
Das macht ihm noch mehr Angst,
denn was ist, wenn es stirbt,
während jemand neben ihm schläft?
Und wenn es sterben kann,
dann können das andere auch,
und was wird, wenn seine Mutter
zufällig früher stirbt,
wer kommt es dann besuchen?

Wie der kleine Junge
im Nachbarbett,
dem sie zuerst das rechte Bein
wegen der Metastasen abgeschnitten haben,
und dann auch seine rechte Hand.
Er weinte nur noch vor Schmerzen.
Dabei hatte auch er Spritzen bekommen.
Er ist still gestorben.
Mit den restlichen zwei Gliedmaßen,
genauso reglos, als wäre er wach.

Ein anderes Kind
fürchtet sich davor, dass
es nie sterben wird.
Und dass dieses Elend, dieses Weinen,
und die Schmerzen an den Knochen
nie aufhören.
Manchmal wünscht es sich,
dass es endlich vorbei ist.
Als ob diese Krankheit
bodenlos wäre.

*

Sie suchen nach dem Grund,
quälen sich mit der Frage,
was sie falsch gemacht,
was sie noch nicht versucht haben.

Zwei Zimmer weiter
verhandelt ein Kind mit Gott,
es schwört,
nie wieder
etwas Böses zu tun,
wenn es nur nicht
sterben muss.

*

Mein Vater schickt mir
ein Flugticket mit der Post.
Als er von meiner Genesung erfährt,
meldet er sich, fast sofort.
Er lässt mir ausrichten,
wenn ich schon überlebt hätte,
sollten wir uns anfreunden,
entweder fliege ich nach Paris
oder er setzt sich gleich in den Zug
und kommt nach Hause, während
ich noch in Belgrad, im Krankenhaus, bin.

*

Ein anderes Kind erzählt,
dass seine kleine Schwester
gesund sei, aber große Angst habe.
Vor allem hat sie vor ihm Angst
und traut sich nicht,

alleine zu schlafen.
Sie traut sich nicht ins Krankenhaus
zu kommen, obwohl es sie darum bittet.
Das Kind schluchzt laut,
dann weint es leise.
Seine Schwester drückt
im Traum die Hand des Vaters,
bis sie rot wird, als sie dann
eine Brille bekommt,
beruhigt sie sich
ein wenig.

*

Das Mädchen
mit dem Katheter im Bauch
spricht davon, dass es
noch nie in den Ferien verreist ist.
Auf dem Heimweg
wird meine Tasche
mit dem Flugticket
immer schwerer.

*

Wir sitzen beim Abendessen.
Mir gegenüber beteuert die Freundin
meiner Mutter, dass sie nicht verstehe,
warum manche Menschen glauben,
es gebe Probleme,
die man nicht lösen könne.

*

Ich kann nicht schlafen.
Eine Angst
oder aber die allzu große
Sicherheit,
dass ich am Morgen
aufwachen werde,
reißt mir die Augen auf
und dreht sie
immer wieder zur Decke.

Mir fällt ein, wie ich
im Krankenhaus
auf dem Flur stehe,
höre, wie der Krampf sich
in der Kehle eines Vaters festsetzt,
er aber trotzdem weiterspricht:

„Ich kaufe dir
das Plastikpferdchen.
Nun lach doch!
Nach dem Krankenhaus
kauf ich es dir,
werde nur gesund!
Das Plastikpferdchen
mit dem grünen Zaumzeug.
Und wir kaufen dazu eine Tränke,
kleine Cowboys und einen Sattel.
Wenn wir nach Hause gehen,
gebe ich dir zweihundert Dinar
und du kaufst dir,
was du willst,
werde nur gesund!"

Es gibt Dinge,
die kann
niemand
verstehen.

Sterne

Der Sommer kniet,
ich bin 30.

Ich schaue in den Himmel.
Sehe, wie die Sonne
auf mich zurückschaut.

Stelle mir vor,
so schmal zu sein,
dass ich in jeden Schatten passe.

Staub überall, als
würde die Landschaft
langsam zerbröseln.
Ich hebe die Füße nicht,
ziehe Streifen hinter mir
in den Staub,
wie die Sonne
hinter den Menschen
Schatten zieht.

Ich suche deine Schritte.
In meinen Bewegungen
dein Zögern.
Warum stellst du mich auf die Probe,
wenn du schon längst weißt,
wie viel ich verkrafte?

In das Gesicht meiner Mutter
hast du winzige Falten

genagelt.
Ihr Husten macht mir Angst.
Sie traut sich nicht, es auszusprechen,
aber ich sehe ihr an, sie weiß nichts
mit meinem Am-Leben-Bleiben anzufangen.
Und mein Vater ist irgendwo zwischen
Belgrad und Novi Sad steckengeblieben,
vielleicht schon wieder weitergefahren.
Meine Mutter behauptet, er hätte sich
mit einer russischen Schlampe im Gepäck
auf den Weg gemacht
und noch vor den Bombardierungen
das Land verlassen.
Er will mich nicht sehen,
nicht kennenlernen,
es ist ihm egal, dass ich am Leben
geblieben bin.
Ich denke gar nicht an ihn,
nur, wenn meine Mutter mich
wieder und wieder
um Verzeihung bittet,
auch im Namen meines Vaters.

*

Ich stehe in der Sonne.
Warte mit hängenden Armen.
Die Schweißtropfen
gleiten einer nach dem anderen
an meinem Rückgrat hinab.
Ich will deinen Namen
ausspucken, aber ich bekomme
keinen Ton heraus.
Herr, ich suche den Weg zu dir,

aber immer verlässt du ihn, bevor ich
auf deine Fußspuren stoßen könnte.
Sorgfältig fegst du sie weg, und doch
trete ich früher oder später in sie hinein.
Es kränkt mich, dieses dumme Schwindelgefühl,
dass ich dich nicht finde.

Ich stehe in der Sonne.
Sie zeichnet
Linien und Raster
aus Schweiß
auf meinen Rücken.
In meinem Mund verdorrt
jedes Wort für Leben.
Der Himmel beugt sich über mich,
drückt meine Schultern herunter,
Splitter springen
vom Rand
meines Rückgrats.

Der Sommer kniet,
als könne er nicht
vergehen.
Wespen sitzen auf den Bäumen,
Schatten keuchen unter ihnen,
schnell saugt der Beton
die Wasserlache auf.

Unter meinen Füßen
fallen die Grashalme zusammen.
Ich hinterlasse gelbe
Fußabdrücke im Garten,
auch die Farbe

meines Schattens
bleicht die Sonne aus.
Ich beiße mir auf die Lippen,
meine Zähne
sind schon ganz blutig.

Ich keuche, bis es Abend wird
ist meine Zunge so
trocken, dass ich
nicht mal mehr spucken kann.
Mein Mund ist
voller Kirschkerne,
sie dehnen, weiten
mein Gesicht.

Ich will Worte für dich finden,
aber kann dich nicht ansprechen,
ich will Worte mit dir verbinden,
aber sie fallen mir aus dem Mund.

Du verflüchtigst
dich aus mir.
Tag für Tag
bleibt weniger von dir
um mich. Und du fehlst mir
irgendwie anders, unbequem.
Ich kann deinen Platz nicht finden.

*

Ich bin hiergeblieben,
als verfolgtest du eine Absicht mit mir.
Aber ich bekomme

mich nicht in den Griff,
finde keine Schritte
und auch keine brauchbare Richtung.
Du hast mich hiergelassen, ins Leben geworfen,
als müsste ich nie von hier fort.

INSEL

Frau

Jemand wird vom Meer begraben.

Schluckt das Wasser so schnell,
dass keine Zeit zum Schreien bleibt,
der Körper wird immer schwerer, versinkt.
Die Menschen stehen am Ufer
in schrecklicher Stille
und sehen zu, wie dort jemand ertrinkt,
unfähig herauszukommen.

Pavle steht am Ufer und brüllt,
schlägt mit den Fäusten auf seinen Kopf ein.
Die Wellen sind so hoch,
dass man nicht hinausschwimmen kann.

*

Wir sitzen im Wind.
Die Sonne vom Wasser zersplittert.
Auf unseren Schultern sitzt die Zeit,
als könnten die Knochen ihr Gewicht
tragen, ohne zu zerspringen.

Pavle legt seine Hand zwischen
meine Schenkel und behauptet:
Genau da sei er zu Hause.

*

Das Meer ist voll mit Blei.
Zieht mich hinab, klebt an meinen Beinen.

Der Abend tunkt auch den Himmel in Blei.
Durch das Gewicht rutscht er immer tiefer,
drückt auf die Stadt,
drückt die Insel unter Wasser.

*

Wütend läuft er mir hinterher,
auf der Straße, immer
mit zweiunddreißig Schritten Abstand.
Als folgte mir mein schlechtes Gewissen,
ich spüre seinen Blick,
der sich mir in den Nacken bohrt,
zwischen die Rippen sticht, dorthin,
wo der Verschluss
des Büstenhalters ist.
Ich höre, wie er
hinter der Tür keucht.
Versuche mit einem Finger
den Ehering abzustreifen,
dabei schwitze ich
wie jemand, der sich endgültig
aufgegeben hat.

*

Wir stehen am Ufer,
ich fasse Pavle an den Bart.

Das Meer ist voll mit meinem Mann.
Er schaut zu, wie ich ihn betrüge.

*

Gašpar steht zu früh auf.
Jeden Tag leckt er am
Morgengrauen,
zerkaut vierzehn Gebete
(fünfvaterunser-zweiavemaria,
dann noch einmal von vorn),
überkreuzt die Beine im Boot
und gleitet aufs Meer hinaus.

*

Ich mag die Samstagmorgen.
Das Kind wartet auf die Urlauber,
zwischen zwei Mahlzeiten rennt es
auf die Straße, hinunter
bis zum Strand, dann wieder zurück.
Es ist ganz verschwitzt,
am Abend weint es
vor Müdigkeit.

*

Als Gašpar mich heiratete, trauerte er
insgeheim noch um eine andere Frau.
In der ersten Nacht lagen wir, nachdem wir uns
geliebt hatten, im Bett und er sagte,
er könne und wolle nicht
neben mir einschlafen,
denn er wiege jede Nacht die Erinnerung
an eine andere Frau in den Schlaf,
schon seit vier Jahren, dort, wo ich nun lag.
Mit sanften, schönen Worten,
so, wie er um meine Hand angehalten hatte,
schickte er mich in die Küche hinaus,

dort solle ich schlafen.
Er deckte das harte Sofa ab,
bat mich um Verzeihung und lächelte,
feierte fast,
so sehr erleichterte ihn
seine eigene Stimme,
dass sie endlich
aufrichtig klang.

Zwei Jahre später dann ließ er mich wieder ins Bett,
aber wenn ich mich umdrehe, murrt er noch immer.
Ich versuche beim Schlafen
reglos zu sein
wie ein Stück Holz.
Immer mehr und mehr trockne ich aus,
werde immer fasriger,
und bei jedem Umdrehen knackt es in mir.

Wenn ich höre, dass er schnarcht,
stelle ich mir voller Wut Pavle vor, wie er
dort zwischen uns liegt und mir an die Brust greift,
mir den Kopf zwischen die Schenkel steckt,
dabei habe ich panische Angst, dass mein Mann
aufwachen könnte.

*

Jeden Tag wache ich auf,
wenn das Licht schon
durch die Löcher des Vorhangs
ins Zimmer kriecht.

Wenn Gašpar das wüsste,
bräche er mir das Genick.

Ich drehe mich auf die linke Seite,
als hätte ich gar keinen Ehemann.
Auf der linken Seite liegend
sehe ich sein Kissen nicht.

*

Den ganzen Nachmittag stehe ich am Strand,
lasse mich vom Wind durchwehen.
Ich beuge mich vor,
um es mit den Böen aufzunehmen,
um den Windstößen standzuhalten,
die Einkaufstaschen aber schaukeln,
schlagen mir abwechselnd gegen die Knie,
sie hängen tiefer und tiefer, als würden
meine Arme durch das Gewicht länger.

*

Jeden Tag kaufe ich eine Tafel Schokolade
hinter der Feriensiedlung
und drücke sie meinem Sohn in die Hand,
damit er seinem Vater
zu Hause alles verschweigt.

*

Mein Mann sagt,
in meinem Gesicht sei jemand anderes,

als spräche aus meinem Mund
eine andere
mit meiner Stimme, aber
nicht zu ihm.

*

Jeden Abend um acht
knipst er die Lampe
auf dem Nachtschränkchen an.
Er braucht nichts mehr zu sagen,
mich nur anzusehen, so befiehlt er
mich zu sich auf den Teppich, vor das Bett,
damit wir beten.
Er flüstert das Vaterunser.
Beim Flüstern spuckt er,
stößt angespannt die Worte aus dem Mund.
Ich stelle mir vor, wie er am Anfang jeder Gebetszeile
jeweils einen Zahn aufs Bett spuckt.
Seine zusammengepressten Finger zittern.

*

Ich warte auf seinen Blick.
Suche ihn in den Augen des Kindes,
im Spiegel,
im heißen Wasser am Boden des Topfes,
in dem Heiligenbild,
wenn Gašpar in der Küche
Maria an die Wand klebt.

*

Das Meer ist voll mit meinem Mann.
Aus jeder Spiegelung sieht er mich an,
sieht, wie mich ein anderer küsst,
wie die beiden nach Fisch riechenden Hände
seine Frau aus den Kleidern schälen.
Beim Sex weine ich,
wenn ich aufs Meer schaue.
Pavle wischt mir das Salz von der Haut,
seine Haare an der Hand sind schon alle weiß.
Die Sonne brennt mir auf den Bauch,
am Rücken reiben mir
die Kiesel die Haut wund.

*

Als ich am Strand liege,
bewirft das Kind Pavles Rücken
mit Kieseln, dabei lacht es kreischend.
Pavle schnappt es manchmal,
rennt mit ihm ins kalte Wasser,
wirft das Kind in den Himmel,
das kreischend lacht.

*

Ich betrachte sein Gesicht ganz aus der Nähe.
Sein Bart ist weiß vom Salz,
unter dem Auge ein langer Schnitt,
nach dem Schwimmen setzt sich
auch darin das Salz ab.
Ich wische ihm mit der Hand übers Gesicht,
er schließt die Augen,
seine Zähne leuchten
in der Sonne.

*

Es ist Mittag.
In Gedanken binde ich meinem Mann
ein langes Seil ans Bein,
mit einem Stein am Ende,
damit er ihn nach unten zieht,
das tiefe Wasser ihn
in seinem Magen behält,
während Pavle an der Sonne
zwischen meinen Brüsten einschläft.

*

Pavle ist traurig, er schweigt.
Seine lange Nase lässt er über die Steine hängen
und auch seine beiden Arme hängen herab.
Er sagt kein Wort,
tritt gegen die Fischsäcke,
gegen das Netz.
Er will ein Kind von mir und meinen Mann
vom Felsen ins Meer stoßen.

*

Das Meer ist voll mit Glasscherben.
Das Licht schneidet mich beim Schwimmen.

*

An meinem Körper zeigen
die Adern, wohin
Pavles Hand wandern soll,
bis mein Mann

nach Hause kommt
und diese krummen,
blauen Wege
mit einer einzigen
langsamen Bewegung
versperrt.

*

Mit beiden Händen presst er
mein Herz gegen die Knochen,
die Rippen ziehen schon
Furchen in meine Muskeln,
ich bekomme keine Luft.
Ganz nah zischt er mir zu, dass
er mir die Knochen brechen werde,
mein Brustkorb solle sich öffnen,
damit er hineingreifen kann,
denn er will das verschlingen,
was er dort anstelle des Herzens findet.

*

Das Meer ist voll mit Serben.
Sie werfen ihre Bälle hoch in den Himmel.

Ich schaue zu, wie Pavle durchs Wasser rennt,
er hebt den Strick über den Kopf,
die Schweißtropfen versickern
an seiner Taille im Hosenbund,
der Stoff wechselt von Blau zu Schwarz,
wie der Abdruck des in mein Fleisch
gedrückten Fingers auf der Haut.

Mit fleckigem Oberarm winke ich ihm zu,
Pavle lacht im vollbeladenen Boot,
die Sonne sitzt schon auf dem Rand der Mole,
auf den Bäuchen deutscher Frauen perlt der Sommer,
sie schlucken Bier, die Kinder mit den Schwimmflügeln
    Salzwasser,
das Meer ist voll mit Bällen,
an meinen Ellbogen hinterlässt der Strand
tausend Furchen.

Ich will mein Herz
ins Meer werfen, Pavle hinterher,
damit ich tot zwischen den halbnackten,
sonnenbadenden Frauen liegen kann,
während er mit meinem Herzen unterm Arm
in die Mitte des Meeres schwimmt.

*

Das Morgenrot badet im Meer,
schon ganz runzlig ist der Himmelsrand.
Die Vögel halten in der Luft inne
und die Äste der Bäume
hängen auf den Gehweg hinab.
Der Sommer versucht entzweizubrechen.
Die Hälfte des Himmels ist schon kalt,
regt sich nicht, der Wind zerreißt.
Vom Felsen prallt
die aufgehende Sonne ab, so
rückt alles weiter
von mir fort.

Der Himmel tritt ins Meer,
hinter der Insel
berühren sich die Berge.
Das Kind dreht sich auf die linke Seite
und schläft weiter,
sein Platz in meinem Bauch schmerzt.

*

Als spuckte mich die Welt aus
wie der Brustkorb das eingepflanzte Herz,
der Sommer schwitzt und zerknittert.

Das ganze Jahr über ging ich gebeugt,
konnte, wie sehr ich es auch versuchte,
nicht ein einziges Mal tief einatmen.
Die Knochen ziehen meine Muskeln an sich,
unter der Haut bleibt ein wenig Luft.

Der Morgen rauscht, die Nacht wird
immer leiser,
als drehte jemand am Himmel
und als würde
auch ich mich drehen.
Ich bin eingeklemmt zwischen den Rändern
von Tag und Nacht, drehe mich,
meine Haare hängen ins Meer.

*

Nach und nach verlassen mich alle Berge,
sie kriechen in den Himmel,
stechen von unten in die Sonne.

Ich schwimme, atme kaum noch.
In meinem Gesicht schlafen die Knochen.

Die Bora bläst zu stark,
die Möwen bleiben in der Luft.
Das Meer rauscht
wie zu hoher Blutdruck
im Ohr.

Pavle schlägt mit beiden Fäusten auf seinen Kopf ein,
steht am Ufer und brüllt.
Das Meer will mich mitnehmen.
Mein Mund ist voll mit nassem Sand.

Gašpar

Denn die Berge rücken dann weit weg von euch
und hinter den Bäumen kommen all die Schatten hervor,
aber habt keine Furcht,
unter meinem Gewicht beugt sich der lange Himmel über euch,
meine Hände reichen zu euch herunter,
ich nehme euch die Tränen aus den Augen.

*

Ich werde dich tragen.

Zwischen den Muskeln spannt sich
wie ein festgezurrter Draht
die Erinnerung an das Gewicht deines Körpers.
Du bist nicht, hast keinen Körper,
dennoch ist es, als schleppte ich dich mit mir.

Ich weiß nicht mehr,
wie groß meine Umarmung war,
die Arme werden immer länger,
auch das Fleisch gibt nach,
manchmal ist es, als schleifte ich
meine Hand auf dem Gehweg hinter mir her.
Wenn ich das Kind abholen gehe,
hängen mir die Arme bis zu den Knien.
Auch aufrecht stehend erreiche ich
seine Hand.

*

Ich sehe dich noch auf der Terrasse stehen,
die Sonne brennt
und du wartest auf Regen.

Ohne dich kann ich nicht schlafen.
Wärst du am Leben, würdest du jetzt schwitzen,
am Abend das Fenster im Schlafzimmer
sperrangelweit aufreißen,
ein Buch hineinstellen, damit es nicht zufällt,
und auf den Wind warten.

Ich würde nicht an dich denken,
dich gar nicht ansehen,
wozu auch, du bist ja da.

Es war besser, als du mir noch nicht gefehlt hast.
Ich habe mich nicht gequält, du hast mich nicht gequält.
Nichts ist an seinem Platz.

Ich werde dich tragen.

*

Meine Mutter sagt,
sie verstehe nicht, warum ich dir nachweine,
du hättest mich ohnehin nie geliebt.

Wenn sie mit mir spricht,
schaut sie auf meinen Brustkorb.
Bohrt ihren Blick genau dort hinein,
wo die Rippen sich treffen.

Sie sagt, in der Stadt
habe jeder Mitleid mit mir.
Sie redeten über dich,
wie undankbar du warst,
und rätseln in einem fort,
wer dieser andere Mann war.
Ich weiß nicht, wo ich hinsehen soll,
wenn sie über dich schimpft.

Wenn ich auf der Straße gehe,
frage auch ich mich manchmal,
wer mich sonderbar ansieht,
wem du die Brust
mit allerlei schrecklichen Sünden
vollgestöhnt hast.

*

Denn der Wind bläst den Sommer davon
und reißt den Betenden die Finger aus,
dann wird sich keiner an eurer Stelle
verantwortlich zeigen, deshalb sage ich,
weint ihn ins Meer, den Verlust des Lebens,
werft eure Sünden zwischen die Steine
und stürzt eure unzüchtigen Frauen in die Tiefe,
zertrümmert die Köpfe der Fischer mit Steinen,
auf dass all eure Träume emporsteigen
in meine Hände.

Ich bete, siehst du, auch an deiner statt,
erzähle alles, irgendwie wird er dich
schon mit meiner Stimme erhören,
der Herrgott.

Am Abend knie ich im Bett an deinem Platz,
dort bete ich,
damit du irgendwie deine Hölle
überstehst.

Am Morgen zerkaue ich,
bis ich ins offene Wasser gelange,
abwechselnd zweimal vierzehn Gebete,
fünf Vaterunser, zwei Avemaria,
dann wieder und wieder und wieder.
Am Nachmittag, im Boot,
spreche ich die Wörter schon durcheinander.
Die Sonne sticht mir in die Augen.
Ich versuche ja zu weinen,
aber versteh doch, es ist so schwer
in dieser salzigen Luft.

Ich trockne an meinen Knochen fest.
Seit du gestorben bist,
hat die Bora kein einziges Mal geweht.

Ich kneife die Augen zusammen
und versuche mir vorzustellen,
wie du in die heiße Hölle
meines Gottes hinabsteigst,
wie deine Knochen im Feuer knistern,
jene süßlich riechenden, sich
in der Umarmung anderer Männer
biegenden Knochen.
Ich presse die Lippen zusammen,
damit kein einziger Fluch
sie verlassen kann,
aber im Schlaf zische ich,

dass du eine Schlampe bist,
vergebens das Zusammenpressen.
Der Schlaf löst meine Kiefer
und auch Gott rückt
weit weg von mir,
hält mich nicht in seiner Hand,
lässt mich fallen, so wie dich.

*

Das Meer ist voll mit deinem Gesicht.
Auf der Oberfläche jeder winzigen Brechung
glitzerst du,
und es ist, als würdest du lachen.
Ich warte darauf, dass die Welle
an den Felsen zerberstet
und dir die Zähne ausschlägt.

Ich habe Angst vor dem Wasser,
als würde in jedem Glas
ein Tropfen von dir schwimmen
oder von jenem Mann.

Aber oft stelle ich mir vor, dass
das Wasser und das Salz,
als du ertrankst,
jenen Mann aus dir herausgeätzt haben
oder dass auch er
im Meer ertrunken ist.
Selbst wenn man keinen anderen Körper fand,
vielleicht ist er doch umgekommen.
Und ich kann mit dem ganzen Beten
von vorne beginnen.

Denn es verderben all die Münder und die Küsse
und das Gebet fällt aus den offenen Händen
und all die Sünder stürzen ins Meer,
aber ich fürchte mich nicht,
ich warte und halte dem Blick des Herrn stand.

*

Ich stehe am Ufer,
kann bis zum Abend dort stehen,
auch dann kann ich mich nicht von dir erholen,
dich mir aus dem Gesicht ohrfeigen.
Du bist in meinen Zügen geblieben,
meine Haut hat dort Falten, wo du sie hattest.
Aus dem Gebet
reißt mir der Abend die Finger
und die Sterne kriechen alle
empor. Der Himmel staubt,
die Möwen knarren im Wind.

Die Zeit sammelt sich,
ich kann nicht los.
Ich müsste packen.
Das Meer ist voller Arme.

Ziegen lecken den Sommer glänzend,
das Kind riecht nach Hefeteig
und ich kann dich mir nicht verzeihen
und dich auch nicht loslassen.

*

Du fehlst und alles ist so kalt,
als wäre das Zimmer nur durch dich
warm gewesen.

Am Glas noch dein Fingerabdruck,
deine Zigarette ist kalt,
die Kippen liegen übereinander,
auf dem Stuhl sind deine Kleider ausgekühlt,
ein zerbrochenes Aspirin auf dem Nachtschränkchen,
und das Kind in seinem Zimmer
ist völlig allein.

Es spricht nicht mit mir.
Es spricht nicht mit meiner Mutter.
Es kann sich nicht zum Spielen hinsetzen,
auch nicht ruhig bleiben.
Ich weiß nicht, wohin mit ihm,
oder was ich mit ihm machen soll.
Ich sehe es nur an und sorge mich.
Es versucht, die Morgen zu bewältigen.
Weint, schläft wieder ein, nimmt erneut Anlauf.
Vielleicht hat es nur geträumt und beim zweiten
Heulen kommst du herein.

Ich traue mich nicht, dein Glas abzuwaschen.

Das Kind heult in einem neuen Ton.
Dein Sohn brüllt sich jeden Tag in den Schlaf.
Weint mit langangehaltenen A-s
und mir zerplatzen die feinen Adern im Kopf.
Schließlich ist er so erschöpft,
dass er beim Brüllen einschläft.

Dann gehe ich zu ihm, ziehe ihn
im Schlaf aus. Seine Kleider sind
vom Brüllen ganz verschwitzt.

Während ich ihm den Rücken mit dem Handtuch abreibe,
fällst du mir plötzlich ein, ich sehe dich,
wie du den Berghang hinabsteigst.
Du trägst Flip-Flops, es ist,
als habe sich der Wind in deinen Haaren verfangen.
Du lächelst, doch dein Mund ist voll mit Sand.
Als du lachst, rieselt er auf deine Kleidung,
zusammen mit dem Sand fallen deine Zähne heraus.

Im Traum hast du Totenflecken
und rührst deinen Kaffee in der Küche um.
Mit fleckigen Händen streichelst du das Kind.
Nach dem Aufwachen fürchte ich mich,
seinen Kopf an derselben Stelle zu berühren.

*

Denn langsam verblüht jede Umarmung und
die Tage kratzen euch das Fleisch von den Händen
und es vertrocknen all die blutenden Herzen.
Auch jene hinterlassen keine Schatten,
die den Herrn nicht mit dem Regen in sich aufnehmen,
aber ich fürchte mich nicht,
denn deine Hand greift zu mir herunter,
deine Hand hält meine Stirn, du hilfst mir,
nimmst mich zwischen die Zähne
und trägst mich zu dir hinauf.

*

An der Ecke des Marktes steht ein Mann,
jeden Tag starrt er mich
über die Fische hinweg an.
Sein Bart wird von Tag zu Tag länger,
manchmal ist er sehr betrunken
und klammert sich an den Rand des Tisches,
bis Mittag verfaulen die Fische,
das Eis fließt ihm zwischen die Füße
und er schaut nur, starrt mich nur an.

Ein paarmal nicke ich ihm zu,
doch er erwidert den Gruß nicht.
Es beruhigt mich, wie er mich anschaut.
Es ist meine neue Gewohnheit, diesem Mann
jeden Tag in seine blauen Augen zu sehen.
Ohne dich muss sich jede Gewohnheit
neu bewähren.

Dieser bärtige Fischer wird
der erste Schritt sein:
Von jetzt an werde ich ihm
jeden Tag zunicken,
ihm in die Augen sehen,
mich an ihn klammern,
damit er mich,
den Witwer, festhält
in diesem Leben.

Inhalt

Diese Übersetzung basiert auf der ungarischen Originalausgabe
Halott nők. Versek, Forum Könyvkiadó, Novi Sad 2017

Die Übersetzerinnen danken Christian Filips für die Mitwirkung an der übersetzerischen Arbeit.

Die Arbeit der Übersetzerinnen am vorliegenden Text wurde gefördert vom Deutschen Übersetzerfonds sowie vom Büro für Buch- und Übersetzungsförderung des Petőfi-Literaturmuseums.

Deutscher Übersetzerfonds

PETŐFI LITERARY FUND

Impressum

Lektorat: Peter Holland
Umschlag: Jolanta Johnsson unter Verwendung von einer Grafik von
© Jolanta Johnsson
Satz/ Layout: Jolanta Johnsson
Druck: BookPress, Olsztyn

ISBN 978-3-948156-26-8